整理收納的吸引力法則

安靜 著

目錄

第四章 心想事成的整理心法 88

第五章 能量滿滿的收納心法 126

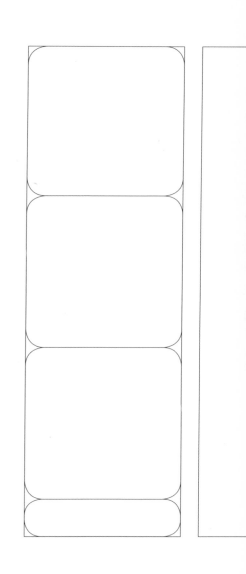

第一章

吸引力法則和潛意識的關係

國際著名整理收納師近藤麻理惠說：「每個家都擁有自己的人格與個性。」

整理收納的其中一個重要方法，就是「聆聽物件的心聲」。例如案頭上堆滿了的文具、文件、電腦產品，嘗試想像自己是那件物品，你會有甚麼感覺呢？

「這裏好擁擠啊！」「我被壓得好辛苦！電腦太重了！」「我身上的灰塵黏糊糊的……好髒，我呼吸不了啦！」每一件物品都擁有自己的感受，而整理收納的本質，就是讓物品感到「舒服」。

因此，整理收納術，並不是打掃，而是學懂和物品用心溝通的一種方法。

⌘ 吸引力法則、潛意識、整理收納 ⌘

近十年，斷捨離及整理術風靡全球，不少人都說整理物品後人生改變了，狀況恰恰如二十年前吸引力法則的出現，令到很多人為了「心想事成」而狠下苦功。

作為一位心理輔導及治療師，很多人都對於我有一個日本整理收納專家協會的一級整理師資格覺得很好奇。當中很主要的原因，是我對於所有和潛意識有關的治療方法，都有一種難以言喻的沉迷。整理收納明明是外在的行動，又怎麼會和潛意識拉上關係？

這裏要說一個有趣的故事。多年前我有一位個案，家庭破碎，身上有長年難癒的濕疹，吃了多年的精神科藥物。某天她突然和我說：「我昨晚平白無端去了洗廁所，我覺得洗完廁所後，整個人都有一種煥然一新的感覺！」

隨着我接觸的個案數目增加，這種「心理狀況變好了，就會主動去執屋及清潔」的自動化反應變得非常常見，他們有些甚至會搬屋，完全改變生活的環境，而在舊居生活的不良習慣，例如久不打掃、東西堆積如山等等的狀況，都大有改善。

由此，我十分肯定，一個人心理不夠健康的時候，會忽略周遭事物；當一個人心理健康起來的時候，會覺察到令自己不適的環境，主動作出改變。

相反的狀況，也是一樣。

大家有沒有留意到，每一位整理師在描述個案的變化時，是「當家居收拾好，變得清爽乾淨後，他們連平日的不良行為都改變了！」舉例說，我有一位學生，本來合共有十多張信用咭，隨身帶着七、八張。但當她開始學習斷捨離後，竟然一下子停了七張信用咭，每天只帶着一張常用的傍身便夠。

整理師很常會被客人問到一個問題，就是：「整理之後，如何避免打回原形？」可見「反彈」的狀況多麼的常見。

然而，經歷過心理治療而自發、主動出現整理行為的個案，則很少「反彈」。

反而，每當自己亂了一點，他們就會覺察到情緒的波動起伏，主動作出調整。這就是由「根」入手的分別。因為混沌的「根」，不在物品，而在人心。

人們願意長久改變，有兩種原因：

一、潛意識的設定或信念改變

二、有足夠強烈的渴望

第一點，需要專業心理治療；第二點，就是能幫助其得到最想要的東西。

在我看來，一個渴望不夠，便找兩個，兩個都不夠強烈，就找三個。假如能事事心想事成，最好。

吸引力法則

吸引力法則的盛行，是由於大家希望「心想事成」。那是建基於人們的慾望、渴望，善用潛意識的力量而生的一種方法。潛意識只會在乎你在乎的東西。例如當一個人在戀愛中時，看的東西都會一雙一對；但一個人失戀了，就會總是看見形單隻影的事物。那是因為注意力本來就是選擇性的，而這些選擇是由潛意識控制的。例如當一個人開車時迎面有一輛車快撞過來，他反射反應就是扭軚避開，千鈞一髮之間根本沒有絲毫思考的空間。

潛意識的運作就是這樣，長年累月的訓練，會建立反射性的即時運作。而長久對某些東西產生感覺，就會在潛意識生根。

吸引力法則，就是這種無意識注意力的訓練方法。有接觸過吸引力法則的朋友，對願景板一定非常熟悉。將所有心中想要的東西貼在願景板上，不知為何，它們竟一一成真。這就是用了一種「長年無意識注意」的影響力。

然而，我總是覺得不夠。既然願景板有用，那麼我們每天使用或接觸的物品，也應該能擁有這種潛意識顯化的力量。而我們每天接觸得最多的東西是甚麼？

那不是一樣東西，而是存放最多我們的東西的地方。即我們的居所。

⌘ 重複甚麼，就得到甚麼 ⌘

《原子習慣》一書中，作者詹姆斯．克利爾（James Clear）提到：「造就成功的，是日常習慣，而不是千載難逢的轉變。」

我們從小到大都被訓練着要專注於結果，吸引力法則也是同樣地，不斷強調着目標。有目標固然是重要的，因為給了我們一盞導航燈。然而為何那麼多人即使擁有了目標，卻依然失敗了？

在我見過許許多多的個案中，有成功人士，也有人生的失敗者。從事業成功的人士身上，我發現他們其實都不自覺地做了一樣東西：「一開始的時候，便是踏在通向事件成功的道路上。」

舉例來說，我有一位個案是某國際集團的高層。他要管理數以百計的下屬，同時也要面對大上司的壓力。他表示，他就職時，第一件事就是去了解每一位直屬下屬的個性及意向。「並不是每一個人都想升官發財的。」他說。「有些只是想安安穩穩地打一份工，有些渴望有發揮的機會，有些想得到某方面的能力和經驗，有些真的只向錢看。」他說，讓下屬能好好工作，重點是要給他們想要的東西。

因為做着想做的東西，或為了得到想要的東西，才會努力，才會做得好。因此他多年來，工作上也甚少出現重大問題。這一點用人的智慧，在他眼中卻只是一種常識而已。

因為一開始便把方向調校好，日後便少很多麻煩。而這種思維，是他多年來的習慣。總之每一件事就是以「最省力」、「最有效率」、「最少麻煩」、「最易成功」的方式去處理。

正如詹姆斯・克利爾所說，成功的秘訣其實在於持續的習慣。一開始你未必看得見成果，甚至重複地做了一段時間也看不見成果，但只要持續下去，成果終將出現。正如跑步了一個月體重沒有減輕很多、新的語言學了數個月還未能流利地使用、一門專業學了一年也許只是皮毛，但每一天一點點的成長，一年下來卻是不斷的進步。而時間，就是你前進還是後退了的最佳證明，因為透過時間，你會看見成功與失敗之間的差距。

生命之中，種種的「結果」，都是日積月累疊加而成的「業」。

「業」自古以來的意思，包括了職務（如農業、商業、各行各業）、學習的過程（如課業、畢業、修業、功課作業）、所擁有的財產（如業主、產業、家業）、所擁有的功績（如偉業、建功立業）等。

因此，佛教中用「業」（Karma）一字來表達因果業報，當中包含了人們一生中所學習所修習、所擔任的角色、所擁有的東西（不一定指財產）以及所建立的功德。

因此，人生中的不同結果，就是過去所持續重複地由習氣餵養而成的果實。

正如《原子習慣》所說：「結果是習慣的滯後指標：你的財產是財務習慣的滯後指標，你的體重是飲食習慣的滯後指標，你的知識是學習習慣的滯後指標，你的雜物是整理習慣的滯後指標。重複甚麼，就得到甚麼。」

而潛意識，就是經由重複又重複輸入的訊息，所建構而成的一個大系統。我們為自己的潛意識重複輸入甚麼，會導致重複的行為，從而導致得到不同的結果。

⌘ 心念是一塊磁石 ⌘

當我們談到「念」的時候，很多人以為那是頭腦的思想，但假如以一種意象來表達，每一「念」，就像一條條絲線在黑暗的大氣中飄浮，有些絲線倏忽而逝，有些絲線微微透光，有些絲線特別閃亮，有些絲線又長又粗、又光又亮。

有些念頭，會持續不斷地出現，每一次出現，都令它像細胞結合一樣，變大、變亮。人類一天閃過數以千萬計的念頭、想法，這些念頭和想法會隨着年月及個人的經驗而消失或變化。它可能被消亡、削減，又或被強化，變得重要。

在黑暗之中，越光亮的東西，越能被看見，那些重複地閃亮的、特別光特別大的念頭，便會特別顯眼，亦因此吸引到與它同頻率的東西。

我記得第一次看到《鬼怪——孤單又燦爛的神》的預告片的時候，心裏想着：

「哇哮！天啊，男主角怎麼這麼醜！」但看完了整套劇（其實是晝夜不分地追完）之後，就覺得孔劉超帥的，更因為曾經有一個韓國人男友跟他的樣子長得有七分像而暗暗竊喜。

這種本來覺得某明星長得很醜，然而後來卻愛上的例子着實不少，彷彿前後被兩個不同的機制影響着。在漸漸喜歡上某個人的特質或某個角色的瞬間，內心彷彿被某些東西觸動了，解開了某種神秘的開關，令到看待一個人的眼神和心情都產生微妙的化學作用。

其實很多影響我們一生的事情都是這樣，明明之前覺得不算甚麼，但怎知道忽然某天就深深沉迷。其實世事往往都有一個發展的過程，只要推前去看，就能夠理解到當中某些重要的特質。

簡單來說，只要有些東西在你腦中、心中縈繞的時間夠久，假以時日，便會產生一種微妙的化學作用。而這些化學作用往往不是在腦袋之中，而是在心中一點一滴的共鳴、顫動及產生感覺，有點像生命的孕育，起初不過是單純的細胞，然後分裂，透過共鳴與顫動而出現的奇妙變化，它會漸漸變得越來越有質感，就像我們對着無論是喜歡或討厭的人事物，內心都會有一種微妙的質感。

正如你的初戀，青澀的當年可能根本不懂得甚麼是喜歡一個人，但你卻不知為何對這個人特別注意，在那些年頭，可能你還會奇怪，怎麼這個人總是常常出現的呢？從只是偶然的吸引力，到偶然的注意力，發展到經常的想到對方，心心念念着對方，只要對方在身邊時，即使沒有和你說上一句，你也心裏暗暗高興，期待着有更深入的交流和相處。

記得我有一位個案，是個年輕的香港男生。我在這裏強調香港男生，因為大家也許對香港的男孩女孩都有一種普遍的觀感，就是活在大城市中的懵懂少年，沒有經歷過甚麼戰亂與苦難，也大多沒有經歷過捱餓的日子；十多歲（或幾歲）便擁有手機或 ipad 之類，放假會去迪士尼樂園，喜歡 Mirror 或 Blackpink，很多時間花在打機或大人們覺得沒有甚麼前途的事情上面，小時候大多被課外活動及補習壓得喘不過氣來，從小有工人姐姐照顧，對八大行星的認識比起扣衣紐和綁鞋帶等生活技能更熟悉。

這個男生卻在十五六歲的時候，決定到外地的寺院去學習，夢想是成為一位出家人。當然，一樣米養百樣人，但到真正接觸到的時候，也不得不說頗震撼。男生家庭背景富裕，有很多不同國籍的朋友，功課也沒大壓力。他在初中的時候，發現平時很少看書的父親，竟然從某天開始書不離手，他很好奇，究竟是怎樣的書令到不看書的父親那麼着迷呢？他拿起一看，原來是一本佛學的書籍，於是乎他也開始試試去看當中的內容，不懂的就問父親。父親也無法解答很多佛學高深的理論，便開始帶他到佛堂聽道、做義工等等。

因為耳濡目染，學佛遂成為了他年輕的心裏一件很重要的事情。記得他當時跟我說：「其實當時本來只打算去體驗寺院的生活，但後來竟然萌生了永遠當一個僧人的念頭。」

當我們心心念念某些東西，這些東西便會產生某種神秘的力量，像水中滋生的生命、像泥土中長出的植物一樣，不知何時便擁有了它的能量與質感，產生了像生命一般的東西。

有時，我覺得很像煉金術。

念，就是這些「物質」凝聚起來的動作；心（或情緒、情感），就是讓這些物質「活起來」的魔法，而我們的軀體和靈魂，就是煉成陣。

而重複，就是將心念顯化的過程。

⌘ 情緒和感受是每天灌溉的雨水 ⌘

毛姆（W. Somerset Maugham）說過：「任何刮鬍刀都有哲學」，作家村上春樹曾表示非常認同，認為「不管多麼無聊的事情，只要每天持續，其中都會產生某種類似觀照的東西吧。」

心念就像是植物的種籽，心心念念的渴望就是種子的生命力，而它能成長為一棵結滿美好多汁的果實的大樹，還是帶着毒素的惡樹，就視乎每天灌溉的是怎樣的情緒感受。舉例來說，工作其實基本上都是自己選擇的，由看到招聘廣告、主動寄信應徵、面試、簽合同等等，每一步都是自主性的行為。記得當初進這間公司之前，內心有多麼期待嗎？你去買新的衣服、把鬧鐘好好調校、早上起床把頭髮梳得整整齊齊、踏入新公司時嗅到的那一份氣味，你覺得一切實在很奇妙。入職後初上班的日子，總是滿心歡喜。然而，隨着歲月、適應和壓力，你漸漸對這份工作當初給你的憧憬沒那麼的在乎了，你在乎的是人事、上司的要求、自己內心那些負面的感受，你開始埋怨人工不夠豐厚，覺得自己值得更多。而這，往往是迷失開始的時候。

你進這間公司，是為了夢想？為了金錢？為了能學到一技之長？還是為了取得想要的經驗？必定有你想要的東西，你才會應徵這一份工作。

工作，如生命中小小的縮影，你想要的並不一定盡如人意。人們常常說初心很重要，因為初心，就是那一開始的那點心念，業的根源。

我有一位個案，她努力讀書考到了專業，進入了大型跨國企業工作，然而那裏的工作量和壓力大得超乎想像，她總是因為工作不合乎上司要求而被責罵，情緒極度困擾，覺得自己很沒用，甚至乎想傷害自己。

我問她：「你進這間公司之前早就知道這裏出名壓力大的啊，怎麼還進去呢？」

她說：「我想試試和學習，因為這裏有很多做大型項目的機會。」

聽她說上司罵她的場景，很多是說她做的方式不對、處理某些事情的觀念不對，我忍不住問她：「那你有問上司，為甚麼不對？又應該怎樣做才是對的嗎？」

她搖搖頭說：「沒有。」我不禁歎了一口氣。

被罵，似乎是因為上司認為她應該懂的東西卻不懂。當一個人遇上不懂的地方，卻沒有主動發問或尋找答案，當然屢屢出錯。因為不知道該怎麼做，也不知道上司要求的原因，東西做了出來，當然無法符合要求；日積月累下來，當然會被罵得很兇。她總是說上司無理取鬧，叫她改的東西都不過是隨口亂說的，做事的方式又太仔細，她覺得很無謂，而且上司總是拿她來出氣。

她認為自己已經很努力去學習了，但卻「沒人教」、「不知道怎樣做」，而且她的確又被安排了獨自去處理一個項目的工作，故此感到極度沮喪。我聽着覺得很奇妙，似乎中間有着一些這間公司獨有的法則，也是真正「去蕪存菁」的標準。

在她的世界觀中，她有好好的學習。然而在公司的角度，她並沒有。因為她期望的是別人手把手地去教她，但公司期望的卻是她能自己學懂怎樣做。

沒人教，怎樣學得懂？

這，就是企業成功的關鍵。

很多人工作都是這樣，還是抱着讀書年代的態度，以為知識是去上課（上班）便會有人告訴你，自己要做的不過是交功課和溫習（工作和記住內容）。然而進入社會，你會發現事事主動的人才會被看見，因為這些人對於付出沒那麼計較，他們把付出（失去）視為學習（得着），因此往往願意去思考及提出一些對公司有益的事，甚至乎執行。這些人往往也不太怕犯錯，對於被拒絕也沒顯得那麼在乎，也因此才能夠在工作上不斷突破。因為突破，是需要在不斷的犯錯中才能成長出來的。在他們眼中，學習、機會就是最渴望及心心念念的東西，不付出，又如何能得到？經驗不是從書本中學得來的，也不是靠人教便能體驗得到的。

個案中的女孩，抱着的是「上堂（返工）有人教」的態度，而公司對人員的期望，卻是擁有「自學」的態度及質素。一個是被動，一個是主動。可以想像，假如一間公司裏面，每一位員工都擁有主動學習及達成目標的質素，每一位員工就是在發揮他們自身的潛能。這間公司能成為跨國企業集團，也並非僥倖。

從這例子之中，也呈現出情緒與感受如何左右一個人的人生方向。就像那一顆由心念產生的種籽，每一絲細微的感受，就是每一滴灌溉的雨水。當我們心心念念都是別人的不好，那麼生命中就只是一個受害者和失敗者；當我們心心念念都是如何去珍惜自己擁有的機會，那麼生命中就是一個一個被珍惜及被看見的機會。

⌘ 注意力放在哪裏，吸引力就在那裏？⌘

心心念念的東西，很自然會令自己覺察到四周圍有關聯的東西。當一個人墮入愛河時，去購物商場，路過平時看也不會看一眼的店舖，卻突然覺察到某些東西可能適合自己的愛人，於是乎便會走進那些從來不曾有興趣進入的商店，買下自己沒有興趣的東西。情愛固然擁有神奇的魔力，而人生不同的範疇也擁有同樣的魔力，只是我們的感覺夠不夠強烈而已。

情愛的魔力來自於人的本能驅動，有些人天生對於某些事物特別熱衷，他們的注意力和成就自然就在那些事物之上。當注意力放在有益的東西上時，生命自然走向更好。我有一位個案，本來是一個「順得人」，每一件事都說無所謂，但其實是沒有自己、沒有主見。她有嚴重的飲食失調，在心理治療的過程中，發掘出畫畫的天份，我建議及訓練她堅持每日都畫畫，去發揮自己內在的潛能，日積月累下來，她漸漸由一位寂寂無名的女孩，而成為一位以插畫為生的插畫師，她的飲食失調症狀也大大減輕。

我也遇見過很多不同的個案，因為人生中的失意，令他們轉而從享樂之中得到快感與安慰，無論是毒品、性、酒精、賭博，抑或害人的念頭，因此被這些毒害心靈的東西吸引了注意，本來只是一些小小的快意，但由於自己不斷投放了更大的注意力在這些事物上，故此出現成癮狀態，最後不能自拔。而人生，也因為這些被糖衣包裝着的毒藥，而遺禍一生。

因此，我們要時時刻刻覺察，究竟我們注意的東西，會為將來帶來正面的結果，還是負面的結果？這，也就是業的形成。有些人被情緒及感受蒙蔽了眼睛，明知不會有好結果，還是放任自己去做一些損己害人的事，最後落得一個自己也討厭自己的下場。

從我心理治療的經驗所知，其實絕大部分的人，當被情緒主宰而去做出一些失去理智的事情時，他們在過程中也不喜歡這個自己。例如丈夫有外遇出軌，妻子對丈夫或小三責罵、詛咒、狠毒地報復，即使她們在說着這些話、做着這些事情時，心中感到痛快，但正如「痛快」二字所示，這種快感是來自於「痛楚」，因為心痛，因為「你待我不好，你就該死該折墮」，然而這種想法卻會一直蠶蝕當事人的內心，光明漸漸被黑暗所吞噬，人會變得迷失，對於慾望會變得失去抵抗力，然後人生便走向被慾望所操控的狀態。

真正能夠做生命的主人的人，並不會也不需要透過操控別人而感到快意或滿足，而是透過改變自己，就能改變命運。而心念，每一個念頭的生起，就是導致人生走向不同道路的根源之所在。

⌘ 透過催眠與暗示改變心念 ⌘

很多人會問，當處理情緒風暴時，如何能保持正面的思想和感覺？我那個時候都炸開來了，都不知道自己在幹甚麼、說甚麼了，還說甚麼想好東西、說好的話？

當情緒風暴來臨之前，就像颱風一般，一定有個醞釀期。很多人最難的地方，就是無法在情緒爆發的時候控制住自己。這其實是有方法解決的。每一件事情的發生必有原因，情緒出現也必有跡可尋。舉例來說，丈夫在公司受到了壓力，回家看見孩子哭鬧，很累很餓，只想休息，以為至少會有碗熱湯喝，能感受到被關心的溫暖，但怎知太太卻表示外出陪閨蜜喝下午茶聊天到很晚，沒有時間煮飯，還要在丈夫回到家不見人，生氣地質問時才表達出來。

丈夫臉色當然不好看，抱怨了兩句，說她怎麼丟下孩子出去，太太感到委屈，也抱怨丈夫不容許她和朋友喝下午茶。你來我往，越吵越激烈，而吵的內容都是那些被情緒沖昏了頭的、沒經大腦思索的可怕台詞，卻不是二人心中最重視的部分。

爭吵的原因往往不在事件，而在於表達。丈夫想要的其實是讓下班後疲憊的身軀可以充電及休息，補充體力後才能享受到和家人溫馨的時光。太太其實應該承認因為見閨蜜而忽略了家人，雖不是大過錯，但似乎亦欠缺交代。假如事前和丈夫先說一句抱歉，來不及煮飯，丈夫也不會因為抱着期待回家而感到失望和難受。同時，也會少很多的抱怨了。

我們常常談到業。

業就是因果，因即是果，果即是因。恩恩怨怨，都來自心。因此，心念，就是果的起因。我們常聽見心念創造實相，其實也就是在談着業力。

有些人明知說出口的話、所做的行為並不會帶來好結果，但卻總是令自己陷入困境，原因其實和覺察力有着莫大的關係。要訓練自己的覺察力，甚至改變潛意識的設定，物品和家居其實在人生中擔當着極重要的角色。

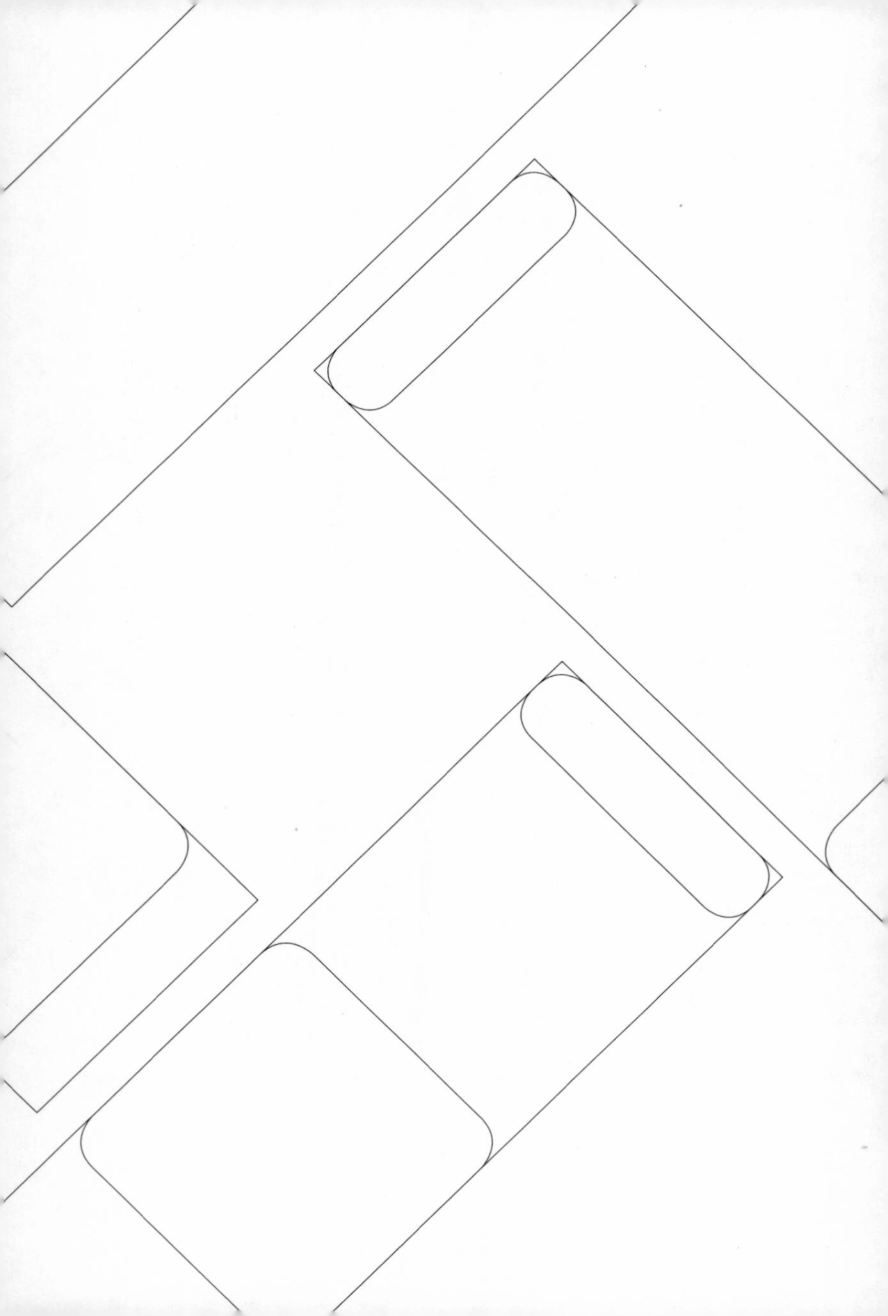

第二章

透過整理收納，改變潛意識設定

心理治療中，很強調「愛」。無論過去發生過甚麼事，生命中有過甚麼創傷，即使被別人傷害了，很多時也能透過「愛自己」，感受生命中美好的事物、看見事情好的一面，以及同理別人的難處，來減輕傷痛，甚至讓傷口癒合。

當我們好好愛一個人時，對方也會感到溫暖。而當我們被愛着時，也會感受到一份溫暖。那麼，當我們好好愛一件物品時呢？

這件物品，將佔有我們心裏的一個位置。若有天失去了，會感到悲傷。其實，透過物品來改變潛意識，就是透過愛物品，來改變我們的內心。

⌘ 家居就是最強大的願景板 ⌘

想像你每天拖着疲乏的身軀回到家中，一踏入家門，踩到了前天晚上吃完便當的外賣盒，你心裏厭惡地咒罵了一句，沒有立即收拾，只是坐到客廳的沙發上，但卻坐到了遙控器及藍芽喇叭，你身子彈了起來，狠狠地把喇叭摔在地上，把遙控器及沙發上的薯片碎掃走，躺下來，卻聞到一陣酸臭味，是由剛才門口被踩破的外賣盒發出的。

很多人的家居其實堆積了不少雜物，尤其是住居環境甚為狹窄的香港。香港人喜歡優質的東西，其中一個原因，也是因為生活太勤奮，時間太少，所以買的東西很多，質量也很不錯。然而也由於生活忙碌，無法好好整理物品，遂出現了幫傭來協助。因為幫傭不會隨便把屬於僱主的東西丟掉，故此東西也越積越多。

你每天在家中坐得最長時間的地方是哪裏？這些時候，你看得最多的是甚麼？我想很多人都會說是電腦或手機。這的確是一個問題。我們每天吸收些甚麼資訊，我們就是個怎樣的人。因此小孩子才會被禁止去瀏覽色情網站，電影才會分三級制。因為「耳濡目染」的影響力非同凡響，而這也是我們被外界催眠了卻不自知的結果。

記得以前讀心理學的時候，老師在課上曾說過，原來以前的電影膠片之中，會每隔五秒，便插播一張僅三千分之一秒的膠片，當中寫着一些語句：喝可樂（DRINK COKE）、吃爆米花（EAT POPCORN）。由於時間太短，人們在看電影時根本不會發覺，然而就是這短短的一刹那，我們卻已被催眠了，會去吃爆米花及喝可樂。後來因為這種推銷手法被斷定為不道德行為，才被禁止。

來到現代，我們已知道任何在潛意識中的信念、影像、回憶、感情，都是威力無窮的。有這樣的一個故事：

阿布出生於一條貧困的村落，某天他在農田中辛苦地幹活的時候，遇見一個趕路的人暈倒在地上，阿布於是拿出手機叫救護車，但他住的村落太偏僻了，救護車要三小時才到達，所以阿布便將路人揹到自己的家裏，照顧他和給他食物。當救護車來到的時候，救護員問：「病患呢？」阿布說：「他已經醒來走了。」這時救護員卻因為一路趕來，中暑倒在地上了。

這時阿布說：「不用擔心，我來救你。」他把救護員抬到家中休息，打了一通電話。

不夠十五分鐘，有人敲門，阿布去開門。救護員以為是村落的醫生來了，怎知阿布打開門，門外卻是一個速遞員，說：「你叫的炸雞外賣到了。」

阿布笑着把炸雞外賣拿到救護員面前，說：「吃吧，吃了就好了啦。」

救護員一頭霧水，問阿布怎麼叫炸雞外賣了？

阿布說：「我天天在農地幹活累得不得了，有天打了一隻野雞，心想太好了，但卻忘了怎樣煮，於是便打開手機找資料，怎知煮雞的食譜旁邊就是炸雞廣告。那天開始我便天天見到炸雞廣告，上面還說：吃了炸雞加啤酒，所有元氣便會恢復了！」

阿布還教救護員，當感冒了把炸雞啤酒拿去煲熱便能把感冒驅除，晚上雄風不展時在炸雞中加一些蛇酒便能一柱擎天……

大家看看啊，假如天天看的廣告威力都如此之大，那麼可以想像，我們天天回到的家中、吃飯的桌子、睡覺的地方，會對我們的潛意識產生怎樣的影響力？

⌘ 那些令人懷念的往昔，一直在支持着你 ⌘

吸引力法則有一條「金科玉律」：製作一塊願景板，然後天天把它放在當眼處，以善用潛意識的「暗示」能力，令潛意識把願望中的人事物都「注意」了，然後自動導引你到想要的東西上面，這其實也是在煉製一種內在的「熟悉感」。

我有不少的個案，對於幸福、快樂、自信、富裕、被愛都有一種強烈的陌生感，因為生命中缺乏這些元素或經驗。即使擁有過，但由於內在不斷地否定自己及否定現實，故此總是說自己不曾擁有過快樂和愛，再加上瘋狂的自我摧毀與自我催眠，故此對於想要的東西、渴望的東西，都有一種陌生感。

就如初時覺得很醜的明星們，多看了，就看慣了，也不覺得那麼醜，甚至乎有時若遇上一些特別令人印象深刻的劇情，還覺得這人很不錯呢。這就是情緒的影響力，所謂「情人眼裏出西施」就是這個道理。

記得我小時候，父親總是穿着白色的汗衣，在陽台上喝功夫茶。我從小到大對茶也沒有甚麼特別的感覺，年輕人的文化，也就是咖啡館、輕鬆悠然的輕音樂、一本本在寧靜中讓人心裏感到悸動的書籍，或與三五知己淺笑聊天的畫面。

然而隨着年月逝去，我也日漸長大。我不知從何時開始，在心理治療室中，會替個案泡茶。當朋友們到訪時，我也精心挑選不同的茶種給他們。原來在我的心裏面，相伴，總有一壺熱氣騰騰的茶，而不是咖啡。

就如那些遙遠的回憶裏，父親在陽台上，靜靜地讀着報紙，靜靜地喝着功夫茶，陪伴着我做功課的畫面。在治療室裏，我靜靜地聽着人們的故事，心裏的喜怒哀樂，靜靜地陪伴着，他們，也許因為這一杯熱茶，而被靜靜地療癒着。

而這杯茶裏，記載着我小時候父親相伴的情感，藏着我父親的靈魂。

就像我陪伴着人們渡過這一條苦河的過程，縱然短暫，卻總是帶着一點溫馨。

⌘ 感受每件物品的力量，為你的人生增添正能量 ⌘

日本專業整理師近藤麻理惠說：「整理不是單純整理家裏而已，更有改變人生的力量。」她的「怦然心動整理魔法」風靡全球，相信其中一個很大的原因，就是大家都感受到整理過後的心情及人生改變。

「儘管整理有這麼多效果，但最驚人的改變是，它能讓你一天比一天更愛自己。」近藤麻理惠表示，把不心動的東西都捨棄掉之後，留下來的都是令自己心動的物品，生活就是被自己所喜歡過的日子包圍。整理的過程不是一次就完的，而是不斷地變化及成長，在一次又一次，一天又一天不斷問自己對甚麼感到心動的過程中，不但培養了決斷力和選擇的能力，還有行動力。和「斷捨離」的創始人山下英子純粹按「需要」和「不需要」來判斷一件物件的那種「淡然」不同，近藤麻理惠的取向，更着重於擁有及留下「最重要的東西」，而這些東西，都是令自己心情愉悅及感到歡喜的。

我們可以想像，當整個家居都是令人滿心歡喜的東西時，那種心情是怎麼樣？有些人可能會問：「為何需要把每一件物品都拿上手來感覺？」「為何需要每一件物品都作出取捨？」在我的經驗中，能夠清晰地知道自己身邊每一件物品的去留與存在意義，對於自己整個人生都有一種非常強大的影響力。

相信很多朋友都嘗試過，當整理自己的物品時，尤其是一些很久都沒有打開過的箱子、藏在被遺忘的幽暗角落的東西時，它們很可能已經變壞了。不一定是食物，即使是久沒用的工具也會生鏽、藏了很久的紙張也會發霉，這些物品雖然看不見，甚至乎是遺忘了，但其實在心裏還是佔據着空間的。

⌘ 用喜歡的物品，塑造你喜歡的人生 ⌘

有一句說話：「You are what you eat（你吃些甚麼東西，你就是甚麼東西）」我們吃進身體的不同食物，會影響着我們的身體。蔬果對腸道蠕動有幫助，吃太多的零食或垃圾食物會影響健康。

記得有次和作家米哈一起辦講座，我坐下來放下手機，觀察力強的米哈說：「你用的每樣東西都很漂亮。」我笑說：「因為我喜歡漂亮的東西啊。」

這些年來，我貫徹始終地只買我喜歡的東西。

當然，大前提是必須自己經濟上負擔得起的，不是看見喜歡的就不問價錢。也因此，喜歡的便可，不一定要是名貴的。需要的和實用的東西也當然重要，但就要視乎狀況才作出取捨，有些東西如真的是必需品，那就未必能談喜不喜歡了。總之是在可行的情況下，能選喜歡的便會選喜歡的。

我見過很多朋友，他們身上所用的東西，都未必談得上喜歡，也許是老舊破損了不怎麼換，然而心態上卻有頗明顯的分別。有一種是對使用的東西沒有要求的，有一種是對使用的東西視而不見的。對使用的東西沒有要求，但不代表能接受東西骯髒。但對使用的東西視而不見的，往往連東西髒了也不自覺。正如我們吃一個蘋果，有些人喜歡吃鮮紅色的蛇果，有些人喜歡圓滾滾的富士山蘋果，有些人吃哪種蘋果都沒所謂，有些人只為了吃水果而吃，有些人只為了塞飽肚子而吃。注重健康的人會先查看蘋果有沒有爛了，但對健康「視而不見」的人，則連吃下爛掉的蘋果也毫不在乎。

爛掉的食物有毒素，對身體是不健康的。骯髒的東西有大量細菌，對身心也同樣是不健康的。當人們天天食用或使用這些東西時，這些負面的毒素和細菌當然也會成為擁有者的一部分。

⌘ 環境會影響心理，物品就是組成環境的重要元素 ⌘

我們的四周都被各式各樣的物品包圍着，每一樣東西，絕大部分都是得到自己的許可才能進入到自己身處的環境之中。即使物品是別人贈送或安排的，也是自己默許的。未必喜歡，至少不至於抗拒到要把它們移走。但別人贈送而自己又不怎麼喜歡的，往往都會被丟在一旁被遺忘掉。

我們身邊的東西，基本上都有其一定的原因才會存在。例如寫字要用筆，但用怎樣的筆卻是每人各自的選擇。環境會影響心理，正如為甚麼山頂或海景的住宅會賣得特別貴，靠近工廠或堆填區的住宅價格會比較低。望園景和望樓景，對一個人居住的安全感或私隱度都有莫大的影響。

一個地方假如乾淨、舒適，你的心情定必會比起住在一間又髒又臭的居所要好很多倍吧。

四周擺放的物品，有一種強大的影響力。試試坐在你家中的一個角落，可以是任何地方，然後向前望去，你會發現你視野之內，其實有許許多多的物品。假如你最常坐的是梳化，每天下班回家都會打開電視的話，這個範圍內的物品就務必要小心挑選。

試試，將注意力放在電視的屏幕上，四周的東西彷彿變得模糊，然而你的眼睛還是看得見它們的，只是並非專注在它們之上而已。試想想，假如你每天都看着它們，那麼潛意識就會被它們所影響。

我有一位個案，他家的電視頂端，就擺放了一個看上去病懨懨的人偶，他某次去旅行，覺得有趣就買了回來。然而我看着這位個案的樣子，他來見我時已病入膏肓，那臉頰下陷、灰土色的臉容、微躬的背部，竟然和那電視機上的人偶有九成相似。他其實從來沒有提起過這個人偶，是我偶然在他給予的照片中發現的，看見的時候，有一道寒意劃過胸膛。

我問他人偶是如何來的，他就說是旅行買回來的，我問他人偶的模樣不太令人舒服，你這樣放在當眼處，可以嗎？他笑笑說，沒關係的，一開始也有點不舒服，但習慣了。

每個人有自身的命運，他拒絕了我把人偶移開的建議，我也不再多說甚麼。

我們常常談到「品味」，就是從一個人使用的物品中，透視出擁有者的品格和味道。但另一方面，也同樣透視出一些內心的設定。看着一個病懨懨的人偶，由不舒適看到已成習慣，這人的生命之中，是否也許有着那麼的一段過去，多麼的令人感到不適，但卻被迫着天天面對，已成習慣？

⌘ 不管黑貓白貓，捉到老鼠就是好貓 ⌘

有一次，個案提到她剛搬到新居後，平時壯健的身體，就不知為何變得很虛弱。個案是一位很喜歡運動的人，飲食作息也十分健康，她百思不得其解，於是乎問我，是不是她的潛意識裏有隱藏性的患病傾向？還是原生家庭的問題？還是內在有想患病的想法？

當然，這些都可能是原因。我聽着她的故事，覺得有點難以入手。因為每個人都會有一些「想病」的傾向，例如不想上班時，就會感冒或發燒，很多人去診所看過醫生後，拿到了放病假的醫生紙，病就好了一大半了。

而她不斷生病則是自從遷入新居開始，故此我便問問她的家居環境。她說自己的房間向外望，是某間大型醫院，時不時會聽到救護車的聲音。由於她是一個迷信的人，而且非常容易受別人影響，容易擔憂焦慮，她多次表示擔心風水不好，故此我建議她去找個風水師看看，放一些避厄的擺設。果然，擺了風水陣後，她開開心心地跟我說，她身體再也沒有出過毛病了。

大家可能會很好奇，為何我會去叫她看風水師？第一，這個案很明顯受到環境影響，窗外的醫院是患病或身體不健康的強烈暗示，天天聽着救護車的聲音，也是一種強烈需要求救的暗示。這些因素加起來，自然容易出狀況。要讓一個負面的暗示消失，除了去除環境的影響外，還需要一個更強大的暗示。

而催眠或心理治療，即使能幫助其減少恐懼，建立正面的心態，但卻不能讓她不迷信，也不能讓她相信自己家的風水。她絕對不是一個願意花費許多金錢的人，做心理治療似乎也欠缺耐性堅持到底。雖然花費多些工夫也能做到八九分，但其實以她的狀態，找個她信任的風水師佈一個陣，在意識及潛意識上，也同樣能做到七八分，這可比做心理治療快得多了。

不管黑貓白貓，捉到老鼠就是好貓。

⌘ 善用安慰劑效應，選擇真正能幫助自己的物品 ⌘

在記憶當中，最常見的「無效的吸引力法則物品」，可謂是水晶。記得有一位個案曾表示，朋友見她「氣色不好」，而那段日子又有很多的煩惱，於是送贈了一條水晶手鏈給她，說這款水晶非常靈驗，定必會為她洗去霉氣，帶來好運云云。

然而個案卻在戴上了這水晶手鏈後，接二連三地跌倒，心想怎麼不是帶來幸運的呢？

首先，個案本身對於水晶並沒有特別的喜好或認識，對於朋友送的手鏈也並不覺得很歡喜，只是因為聽說會帶來好運才會戴的。

吸引力法則其中一樣最重要的元素是「相信」，例如相信水晶會帶來好運，相信風水擺設會替其擋煞。然而「覺得自己信」並不等於「真心相信」。

另外，就是言行不一。簡單來說，明明想要健康，即使買了很多有益食物放在家中，然而卻天天吃大量零食和垃圾食物，既不做運動也不堅持，無論放甚麼東西在家，也不會得到有效的吸引力法則。

正如本書一開始所說，結果其實是習慣的累積，習慣的開始也和心念有着千絲萬縷且不可分割的關係。水晶有沒有效果，其實和前文所談及的風水擺設能否產生效果的道理十分相近。心中相信，就算只是一顆沒有任何作用的糖丸，也能帶來疾病的治療效果，這就是安慰劑效應背後的原理。

若能善用安慰劑效應，人生中很多範疇也能得到改善，不須費用、省時又輕易。因為能令你產生安慰劑效應的東西，就是你的「吉祥物」啊！

⌘ 心想事成的四大要點 ⌘

同頻共振，同類相吸

上述的失敗例子，也是一種和自己心念不同頻率的好例子。健康的人擁有健康的生活習慣或特質，而不健康的人雖然擁有健康的渴望，但卻絲毫不願意作出改變，就是兩極的頻率。又例如渴望金錢，常常只想着自己很貧窮，入不敷支，整天為金錢而唉聲歎氣，那自然和「富足」的頻率大不相同。

我有一位朋友，因為股市大跌，頭頂像戴着一片烏雲似的，生活總是遇上不如意的事情，彷彿這片烏雲二十四小時陪伴着他，每分每秒都是一片灰色的。而另一位個案，同期也因股市大跌受損，但他不去看不去理會，只是專心上班、工作，處理好自己正在面對的情緒問題，即使他輸了七成的身家，卻不曾為失去的部分而困擾，所以他復元得非常快速。相反，第一位個案則持續地情緒低落，即使他失去的財產並沒有第二位那麼的多。

用心創造，心想事成

記得在一年多之後，第一位烏雲罩頂的朋友，財政狀況還是沒有甚麼改善，亦由於他對於金錢的損失一直耿耿於懷，不斷試圖用不同的投資方式去「補償」，結果因為看不透大局而損失慘重。他其實是一個很有能力的人，假如將精力投放於創造收入，而不是急於填補失去的數字，就不會損失這麼多。

而第二位個案則歡天喜地告訴我，他今年的收入竟然比往年多出了百分之五十！他在心理治療的過程中，沒有多理會投資的失敗，只是專心一致地去處理自己所面對的問題、努力去成長。開始時雖然對失去金錢感到心痛，但想想即使不捨得，失去了就是失去了，不會因為他不開心而回來的，正如他的婚姻。就算要挽救，也應重新審視形勢再作出抉擇，正如他的人生，總是對不幸的遭遇耿耿於懷，也無法幸福起來。於是乎他「把心一橫」，既然過去的人要放下，那麼過去的金錢也放下吧！結果卻正是因為他沒有糾結於「失去」的痛苦，反而用心專注於「創造」，令他的收入大幅上升呢！

放下目標，專注系統

我有一位個案多年來從事旅遊業，眾所周知在疫情期間，旅遊業是遭受重創的一個行業，然而她卻沒有放棄，在這時跑去創業。記得早幾年見她時，她已說做旅遊業是她的「天命」，她很喜歡這行業，而在疫情期間，她夥拍一位難得正面及勤奮的同行，心想人們雖無法到外國旅行或公幹，但總有些人需到國外，回來後需入住防疫酒店。

在疫情期間很多航線停駛，人們出國及回港困難重重，政策又不斷轉變，不同國家的轉機、檢測、隔離、溶斷等等機制，通通都令人不勝煩擾，亦不知如何取得精確的資訊。而她就是憑藉驚人的意志，不怕麻煩，替不得不到外地及回港的客人解決困難，因而生意不斷。

她說她其實根本沒有想過要做甚麼大生意，只是覺得自己既然決定以此為終生職業，便盡力地想方設法去提供人們需要的服務而已。她和夥伴一同建立了一套工作系統，以便處理多變的防疫和航空政策，即使遇上突然航班溶斷、酒店被迫取消、航班多次修改等等的問題，亦能捱得過去。每當她收到客戶連番的感謝時，心中那些鬱苦和鬱悶，也消散了很多。

而到防疫限制開始寬鬆，航班開始復飛，香港人能到外國旅行時，很多已停業或離開了行業的公司，想回來也未能接到很多生意，而她由於一直得到客戶信任，故此生意源源不絕。有次她前來告訴我，她一個月的生意額，竟然比疫情前最高峰時還要多！

謙卑、臣服與隨順而行

很多朋友當遇上困難時，總是會問：我做了那麼多、刻意改變了那麼多，的確情緒好了很多、內在很多鬱結都疏通了，但怎麼還是會遇上倒霉或令人煩惱的事件呢？首先，心理治療處理情緒問題，是疏通及轉化過去累積下來的鬱結，就像欠債的人本來天天逃避債主，活在恐懼與擔憂之中，有一天他得到一個機會，把過去欠的債都還清了。但他卻問我：「怎麼我還是要工作？還是要受氣？還是未富貴、未發達呢？」

還清了債，就是努力儲錢的時候了。內在旅程的轉化雖然完成了，也同時是另一階段的啟航。這個階段是儲經驗、前進、成長的階段，就像儲蓄及投資，這一刻的努力是為了將來能過好日子。

但假如你還是不肯改變過去的壞習慣，仍然天天賭博或對人惡言相向、揮霍無度，那麼結局還是會一樣悽慘。但若能學懂生命的教訓，帶着更輕鬆的心，改善生活習慣，去活出自己的人生，努力嘗試，日積月累下來，美好的日子在不知不覺中便會來到。

因此，即使轉化了，也還要謙卑。那些未學懂的，上天會給予你學懂的機會，而這些機會往往以一些挑戰的形式出現。有時我們可能不自知地過度自我，或走偏了道路，上天就會以更大的力度及苦難，好讓我們懂得回到正軌。因此，隨順而行與臣服，其實是在幫助我們獲得更大的智慧，去得到我們渴望的東西。

有一次，個案前來時提及到，她本來打算報名參加我的某一個治療小組，她一直都是很信任我的人，而且在心理治療的過程中，得到飛躍的成長。但當她參加這個治療小組的簡介會時，在我帶領的催眠時段，她卻清晰地聽見潛意識中有一把男子的聲音響起：「你不要參加了，要學其他的東西。」

那刻她覺得非常錯愕，因為這把聲音清晰得很，令她不得不在乎。於是乎她決定遵從這訊息的提示，不去參加治療小組。她本來以為聲音是要她去學習其他的東西，上一些她有興趣的課。殊不知，一個月後，也是治療小組開始的第一節，她父親因中了 COVID-19 而入院，第二天便離世。而她在同一天，也因為中了 COVID-19 而被迫獨自留在家中，無法前往醫院送父親最後一程。她對父親有深厚的感情，她說假如自己前去送終，可能真的會崩潰。但因為患病隔離，她反而不需要親手去辦理父親的身後事，有時間好好沉澱自己、面對傷痛。亦因此，她比想像中更易走出了父親離世的痛苦。

這些生命的體驗，是她人生中必經的階段，也是成長重要的關口。她雖然信任我，但這種獨自的沉澱、彷彿是生命刻意安排的劇情、對命運的臣服，並不是任何心理治療能取代的，亦沒有任何治療師能夠代命運去教曉任何人他們必須獨自體驗的課題。

最奇妙的是，彷彿也是命運刻意的安排，她父親出殯的日期、時間、地點，竟然和兩年前，母親出殯的日期、時間、地點，一模一樣。

第三章

打造屬於你的人生系統

心試想想，假如你渴望成為一位作家，然而對於寫作大量文字又感到焦慮害怕，於是乎立下心願，將成為作家的願景貼在願景板上，你覺得自己好像充滿力量，買了一大堆教人如何寫作的書，上了寫作的課程，開始每天寫一些東西，做一些回顧，對寫作也感到不那麼害怕了。此時你心裏感到很神奇，因為想不到自己竟然真的向着當作家的路前進了！

然而過了數月，某天你發覺自己已經再沒有天天寫文章，對於成為作家仍有渴望，卻因為付出了那麼多努力卻仍然沒有看見成果而感到洩氣。「成為作家」的願望仍貼在願景板上，但自己卻已失去了持續下去的動力了。

在你的願景板上，是否貼上了許許多多的願望？

- 成為一個身心健康的人
- 活出豐盛的人生
- 做一位好父親／母親

・與家人相處融洽
・擁有知己良朋
・擁有一位能相伴到老的愛人
・擁有一間舒適的房子
・年薪過百萬等等……

又有沒有發現，這些願望及渴望雖然能夠令你的內心顫動，但說到要為此做些甚麼，你卻會腦袋一片空白，說不出來？即使能說出一些行動，但要你去做時，卻又覺得困難重重？

人們總是說要有意志力，才能堅持得到某些結果。但其實人的意志力遠遠比不上潛意識的影響力，意志力是意識層面的，而潛意識則是在無意識之中自動化的運作。因此若能將兩者合而為一，互相輔助、互相影響，其效果就會加大千萬倍。

⌘ 思考想過怎樣的人生？⌘

很多人以為豐盛就是擁有很多的金錢。但活得豐盛並不單純是如此，可以是擁有令人滿意的關係，無論是人際關係還是親密關係；同時擁有健康的身體、成功也喜歡的工作，以及富足的金錢。

很多時當我問個案想要怎樣的人生時，他們會說自己工作很忙，想擁有成功的事業就不能擁有家庭，能擁有事業與家庭就不能生兒育女，有事業家庭兒女就難以擁有富足的財富，擁有了以上的一切，當然不會擁有足夠的時間，無法過上自己想要的生活。

當我們思考要過怎樣的人生時，很多時就會被這些信念的限制所掣肘，令到明明想要富足及美好的家庭並存，但因為覺得自己「得不到」，幸福快樂彷彿是童話故事般，只能活在幻想之中。

因此，試想想，假如你想過某種模樣的人生，你的家居或四周的東西會是怎樣的？

練習

1. 寫下你想過的生活是怎樣的？

⌘ 思考你喜歡怎樣的自己？ ⌘

有些朋友對於想過怎樣的生活，可以即時朗朗上口，可能渴望過着富豪般的生活，可能想左擁右抱享齊人之福，可能想擁有非常成功的事業，可能想搬到外國居住或周遊列國。但我遇過很多朋友，對於「心想事成」後的自己其實並不是真的那麼喜歡。例如「過富豪般的生活」，很多人內心都對於富豪有一種抗拒感，又或覺得太有錢很危險，因此心底裏並不是真的喜歡富豪。再加上可能平時生活都是儉樸而簡單的，覺得太奢華的生活會迷失，因此自己心裏所喜歡的自己，其實就是那知足的個性，而不是貪婪或浮誇的自己。

當然，另一個層面來看，你也許並不貪婪，只是渴望擁有財務自由。因為擁有財務自由，代表你能擁有更多的選擇。而財務自由最大的好處，就是令你與家人有更多相伴的時間和空間，更優質的生活方式亦代表你更懂得愛護自己及保護家人。因此，擁有金錢並非只是負面的，會有更多美好的成份在內。

大家可試想想，當你們過着想過的生活時，會否產生一陣內疚感？例如周遊列國去不同的國家居住時，會否覺得丟下了年老的雙親而感到內疚？而你又喜歡這一個自己嗎？又抑或，當你想到自己財務自由時，既擁有更多的資源可以與家人朋友分享，也擁有更多的私人空間及時間，當中包括找私人教練鍛煉身體、找營養師去製訂飲食清單、找中醫去調理身體的平衡、找心理治療師去處理內心的痛苦及疑惑？又抑或，你可與家人一同暢遊異地，享受美好的時光？

在我們思考想過怎樣的生活時，應同時去思考一下，我會喜歡這一個人嗎？假如你的答案是否的話，就應該作出調整，甚至改寫了。例如喜歡周遊列國，可能會改為一年去五、六次旅行，其餘的時間可陪伴家人、學習自己喜歡的東西？

練習

1. 看看你所寫下的「想過的生活」，在每一項中想像自己的模樣，問自己：「我喜歡這個人嗎？」留意想像是以「我是否喜歡眼前的這一個人」為視角，而不是「我是否喜歡這個自己」，因為以自己的視角看自己，會當局者迷，而以別人的角度看自己，會更為清晰。
2. 如不喜歡，那麼便調整到你會喜歡的模樣，再記下來。
3. 假如「你喜歡的人」和「想過的生活」有些項目是衝突的，便需刪去或修改想過的生活的內容。

例如：

我想過的生活：無憂無慮地悠閒過每一天。（幫助我成為這樣的人的願望：中六合彩頭獎。）想像你眼前出現了一個暴富的人，每一天都只是在揮霍獎金，漫無目的地活着。

我喜歡這樣的人：活得積極、充實，會持續成長及幫助別人。（幫助我成為這樣的人的願望：成為一位成功的創業家。）

成為一位成功的創業家，必定需要有思考邏輯及進行不同的嘗試，以找出最適合自己的營運模式，這樣就絕對不可能「無憂無慮地悠閒過每一天」。內在的衝突會令人左搖右擺。既想創業成功，又想甚麼都不做，便很可能導致「只有計劃沒有行動」的人生模式。

而喜歡某種人，例如一個成功的企業家，你是否有種感覺是：「只要我願意付出努力，不斷成長，我也能夠做到」？假如你有這種感覺，那麼恭喜你，你可能已經找到你人生的目標了。

以我自己為例，我雖然屬「古墓派」，平時社交應酬可免則免，對宅在家感到悠然自得，以前我一直以為自己就是那種喜歡無憂無慮地過每一天的人，也曾試過有些日子甚麼都不做，過着「自己想過的生活」。但結果我卻發現，自己總是在睡夠精力的時候，便會無意識地找書看、學新的東西、試驗一些東西，創造一些東西。這種狀態絕對不是悠閒地過着，反而有點忙碌但很滿足。

而我回顧人生，最快樂的日子，往往都是有少少辛苦的，因此活得很充實。其實我最喜歡的自己，就是不斷成長和探索的自己，生活還要是「有少少辛苦」的。

因此，必須找出究竟自己真正喜歡成為一個怎樣的人？當中包括怎麼的質素呢？而你的願望之中，有些甚麼是能幫助你成為這樣的一種人？

⌘ 思考你想成為一個怎樣的人？⌘

有沒有想過，即使你想過某種生活，想成為某種自己喜歡的人，但仍然覺得舉步維艱，又或像之前作家夢的例子，堅持了一段時間便無法持續下去了？

這裏要談到身份認同。當我們只是「想要」某樣東西或某種生活時，那只是徘徊在通往目標的路口而已。廣東話有句俚語可謂一矢中的：「諗咗當做咗（想了便覺得做完了）」。但事實上只是腦袋的空想，沒有行動的想像。

吸引力法則最大的誤導，就是所謂的顯化。我們聽過許許多多的故事，人們想像自己住進了豪宅、開着名貴的汽車、在成功人士之中充滿自信地站着，彷彿只要這樣想就能得到這一切。當然想像是很重要的，因為透過想像「達成目標後的模樣」，能強化內心的渴望，令想達成此目標的感覺越來越強烈。另一方面，透過重複的想像，也令內在的聲音更響亮，導航的燈在黑夜中更光更亮，最終更精準地到達目的地。

然而只有導航燈的指引，卻不懂得開船，或不懂得游泳，最終也只會溺死或餓死。即使好運船能駛到目的地，也許仍會受不了天氣及巨浪的衝擊而遍體鱗傷。

然而，若你想像自己是一位優秀的船夫或船長，結局就很不一樣了，因為「你知道要怎樣做」，也知道「在甚麼時候要做甚麼」。

身份的認同，就像那條船的船夫或船長。若你只是「想成為一位作家」或「想成為一位創業家」，那麼仍然是走在一條不確定的航線上。但當你以一位作家的身份去活着，去感受、去研究「如何成為一位更優秀的作家」時，你的作品就自然而然地，會以一位「優秀作家」的姿態呈現，而非「實驗性質的文章」出現。也因此，每天寫作就是一件平常不過的事，即使去上寫作課，也是為了「精進」，而非「成為」。

記得我初初成為心理治療師的時候，我總是以最優秀的心理學家作為學習的對象，也要求自己務必專業及有道德地對待我的個案。我並沒有很刻意地要「成為一位心理治療師」，只是很珍惜每一次別人給予的機會，因此早期我做了很大量的免費個案。後來到開始收費時，我其實也沒有做過任何特別的宣傳，但朋友們或個案們總是會把我推薦給有需要的人，漸漸客戶網絡就是靠口耳相傳而形成。至今，我依然堅持不會做能力範圍以外的個案，因為我覺得既然我幫不了對方，又怎能收取費用呢？因為這份堅持，反而令個案對我的信任度大大提升，也能幫助我更有能量地去照顧我的客戶群。

身份的認同，代表「我相信我是這樣的一個人」，這種相信，就是信念的核心。同時，也是最精準的導航儀，讓你順利地走在到達目標的航線上。因此，要做的只是微調和應付突如其來的狀況，更多於「尋找方向」。

練習

1. 寫下你想成為怎樣的人？

2. 你想成為的人，能幫助你擁有想過的生活及成為喜歡的自己嗎？（必須沒有衝突）

⌘ 讓行動成為你的習慣，成功指日可待 ⌘

當「想過的生活」、「喜歡的人」和「想成為的人」都達成一致的共識後，下一步才是真正開始着手於現實世界行動。這時潛意識中大部分的衝突已經避過及被化解，正如安全的航線被劃出來了，下一步，就是學懂如何啟航。

我們以「成為一位優秀的作家」作為例子，你可能會去研究一位優秀的作家是如何生活的呢？他們又如何讓靈感源源不絕地湧現及產出？你不必每一樣行為都要學足，因為那是不可能的，但可以按着「你喜歡的自己」作為感覺，去安排你的行為模式。

以村上春樹為例，他每天早上都會喝咖啡，每天都會跑步、抽時間寫作和閱讀。你覺得這種生活方式適合你嗎？以我自己為例，當我要出書的時候，寫稿的日子我幾乎每天都會早起，讓自己按時有一定程度的產出，平時較少做運動的我也會抽時間去散步（不是跑步），因為散步讓我的腦袋更清醒，也幫助我有新的想法及視野。我並不喜歡天天喝咖啡，甚至乎為了要有良好的睡眠，我已盡量拒絕咖啡因。但咖啡的香氣的確有專注及提升寫作能力的安慰劑作用，故此我也會偶爾點一杯去（或低）咖啡因的咖啡，來伴着我創作。

當我作為一位作家的時候，我會以讀者的角度去思考，也會以「讓讀者有所得着」為目標去寫作。怎樣的編排會令人容易理解？怎樣的語言讀來更令人着迷？怎樣的角度讓人眼前一亮？

我們人生之中有許許多多不同的角色。假如以一齣齣不同的戲來表達，當我們進入（成為）某種角色的時候，就會過上某種不同的生活。不同的角色，有不同的生活習慣。

只要你能好好地代入這角色，自然就能拿捏到恰當的生活模式。

假如，你想一輩子都做這角色，那麼，就讓屬於這角色的習慣、行為和生活，成為你的習慣，以及生命的一部分。

練習

1. 寫下你想成為的人會有些甚麼生活習慣或行為？

⌘ 善用物品來代入角色，事半功倍 ⌘

說了那麼多，終於來到物品所擔當的角色了。我從來沒有在任何一本談吸引力法則的書中，讀到和整理收納有關的資訊。但每一本談吸引力法則的書，卻必定會提到特定物品的效用。

願景板，相信很多人都聽過，也曾經製作過。正如本書一開始所說，家居其實才是我們最大的、最豐富的、擁有最強大力量的願景板。吸引力法則簡單來說，談的其實不過是四隻字：「潛移默化」。

一個令人深深進入角色的環境，必定比一塊願景板的力量強千萬倍吧？

我很喜歡一個日本綜藝節目，名為《五十天變美計劃》，其中有一集，讓一名自卑、常戴着口罩（影片拍在疫情之前啊！）的女生去學意大利文，因為不斷被讚美，竟然在五十天後變成了一個小美人！

因為被俊男美女圍繞着，當俊男說自己很美，讚賞自己的能力時，就彷彿被激活了自信心，日子久了就覺得自己也是「美」的人。最特別的地方，是她到了實驗的第七天，到意大利文老師的料理班時，仍然不想脫下口罩，然而卻開始整理自己的房間，房間本來十分雜亂，就像她對自己的看法一樣，一片亂糟糟的人生。她也開始畫眉毛，那是口罩外露的部分，彷彿她再也不想接受自己是一個「不打理」的人。一個月後，她終於脫下了口罩以真面目示人，笑容也開朗了很多，到了第五十天，整個人的氣質和氣場都改變了。

在《原子習慣》一書中，有一件很有趣的事。波士頓麻省總醫院的醫生安妮·桑代克在餐廳只做了一個非常簡單的改變，在沒有和任何用餐者說過一句話的情況下，便在短短三個月內，讓餐廳的瓶裝水銷售量上升了 25.8%，汽水銷售量下降了 11.4%。

她只要求餐廳做了一件非常簡單的事，就是在不同的食物區旁，擺放一籃籃的瓶裝水。作者表示：「人們選擇某樣產品，往往並不是產品是甚麼，而是因為產品在哪裏。」

因此，懂得將想要的東西，擺放在適當的地方，就是一種由環境塑造而成的強烈心理暗示。多麼的強烈，強烈到被暗示了也不自知。很多的商店也懂得使用此方法來吸引顧客。例如你總是以為放在展示架上最中央、最易拿到的產品，一定是最暢銷或最優質的。因為你心中對「最暢銷」或「最優質」有一種特別的感覺，覺得一定是很多人認同其品質、款式或功效，才會放在這個位置。

以我自己為例，前陣子我才在超級市場買了一款我數年前丟棄了的、覺得對皮膚不太好的洗面奶，原因就是因為整個超市四周都放着這一款洗面奶，不斷地標榜着它的效用，而且還在大特價中。是甚麼推翻了我之前對這產品的判斷？是因為我對自己的決定沒有自信嗎？不是的，而是因為它多次重複出現，而且標示着我想要的效果：保濕、去除毛孔的污垢、洗後不乾燥、銷量 No.1 等。而事實上，我好幾年前買的原因，也是看見這些宣傳語句。

大家心想，我作為一位心理治療師，怎麼還是會上當呢？那是因為，這就是人性。即使我對理論很熟悉，即使我知道了背後一切運作的邏輯，但因為我是一個人，還是會被人性的傾向所誤導。

但水能覆舟，就當然能載舟。當我們將想要的生活習慣或目標，放在越明顯的位置，顯示的強度及次數越高，便越有可能被潛移默化所影響。

在商店，我們被動的被影響着。但在自己的居所，則能夠主動地去影響自己，從而得到想要的東西。

舉例來說，假如你想擁有窈窕的身段，但又提不起勁去做運動，可以這樣做。

首先，你必須有一個清晰的願望，例如想健康其實是很虛無飄渺的，因為太容易被打破了。只要你捱夜了一次、吃多了一包薯片、喝了一罐汽水、有一天沒有去做運動、和朋友去了吃火鍋等，都可能屬於「犯了規」，結果感到一點點氣餒而徹底放棄。

願望要清晰，例如：

數字清晰：我想減重五公斤。

定位清晰：我想成為一個經常做運動的人（每天跑步三十分鐘）

意象清晰：我想成為一個擁有窈窕身段的人（像某某明星）

然後，你需要有一個清晰的計劃句子。是的，是一句句子，而不是完整的計劃。很多人因為計劃太久又太用心，結果反而執行不了，付出的時間精神和心力就變成了沉沒成本。故此，在擬定計劃的時候，先用句子，讓整件事情有一個簡單而輕易的開始。

句子中，要加上行動的日期、時間、地點。

例如：我明天早上八時會在樓下的健身室跑步三十分鐘。

之後，要給予自己每天執行的提示。這提示最好和平時固定的生活習慣綑綁在一起。

提示：我每天早上起床梳洗、抹完臉之後便即時換上運動服。

最後，就是環境的提示。環境中除了為自己準備好運動服及用品外，也應加入暗示性物品。

例如：

1. 前一晚洗澡後便把運動服放在浴室，供第二天一早更換。
2. 平時飲水的杯子，換成有跑步圖案的運動水杯。
3. 家中放了好幾本談跑步的書在當眼處，每天睡前都要讀上數頁。
4. 買一個有運動圖案的鎖匙扣（好讓自己每天出門及回家時，都看到這圖案）。
5. 電腦桌面及手機壁紙都換成跑步的圖案。
6. 設定每天提示，看看自己一天走了多少步（用手機或運動手錶）。
7. 在當眼處貼上描述的文字：跑步的好處、窈窕身段的好處等。

我們將相關語句聯繫在一起顯示：

願望：

1. 我想減重五公斤。
2. 我想成為一個經常做運動的人（每天跑步三十分鐘）。

3. 我想成為一個擁有窈窕身段的人（像某某明星）。

計劃：我明天早上八時會在樓下的健身室跑步三十分鐘。

提示：我每天早上起床梳洗、抹完臉之後便即時換上運動服。

環境：

1. 我前一晚洗澡後便把運動服放在浴室，供第二天一早更換。
2. 平時飲水的杯子，換成有跑步圖案的運動水杯。
3. 家中放了好幾本談跑步的書在當眼處，每天睡前都要讀上數頁。
4. 買一個有運動圖案的鎖匙扣（好讓自己每天出門及回家時，都看到這圖案）。
5. 電腦桌面及手機壁紙都換成跑步的圖案。
6. 設定每天提示，看看自己一天走了多少步（用手機或運動手錶）。
7. 在當眼處貼上描述的文字：跑步的好處、窈窕身段的好處等。

有些朋友會說：「我經常都把買回來的糖果及零食放在當眼處，但卻總是吃不完，那是為甚麼呢？」首先，看見糖果和零食，能提示你吃甜食和垃圾食品，卻未必是那款放在桌上的食物，尤其是當你並不是真的很喜歡吃，或已對它喪失了新鮮感時。結果是，買了更多的甜食和零食，但舊的卻總是吃不完。

而換成了跑步圖案的用品後，其實結果也很有可能你並沒有去跑步，但卻不自覺地去了做瑜伽、行山、在健身室做強度的肌肉訓練，又或在情況許可時盡量選擇走路、行樓梯，而不是乘搭電梯。潛移默化的影響，令你不自覺地大大提升了運動量，從而更易成為一個擁有窈窕身段的人。

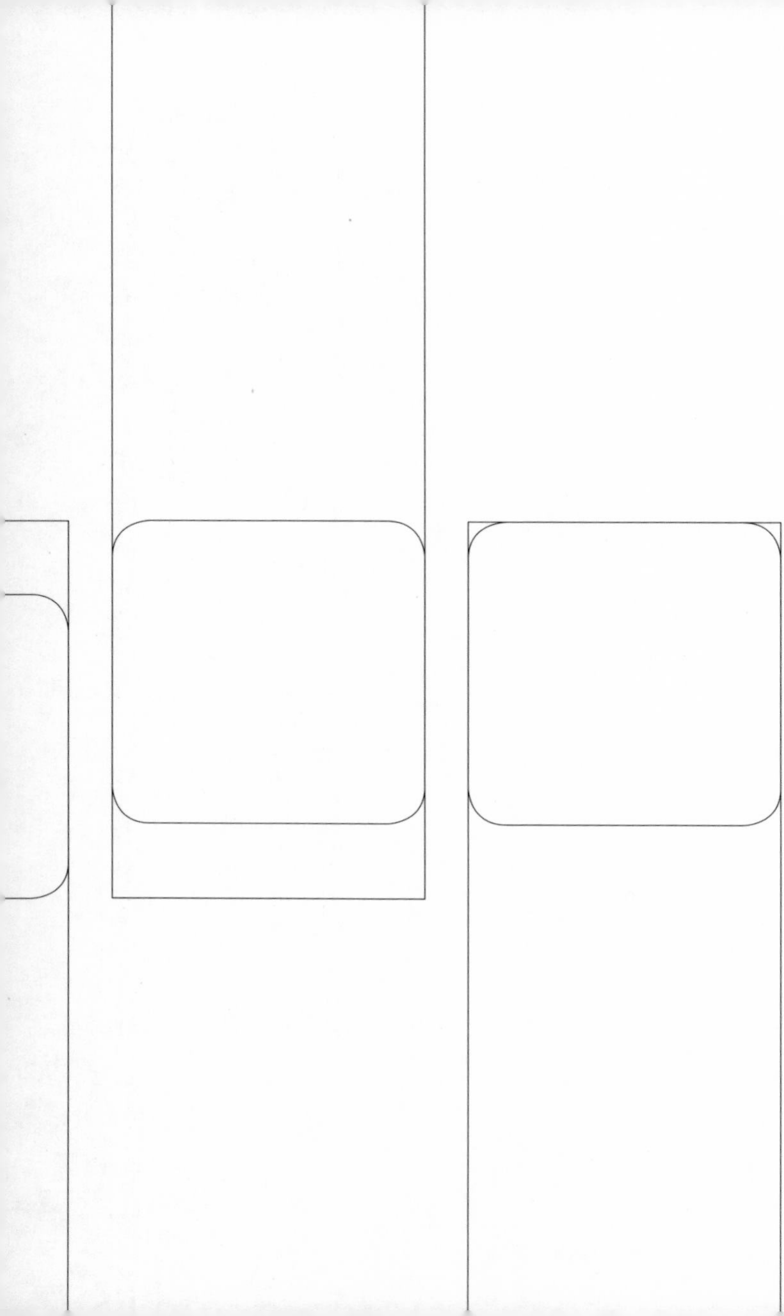

第四章

心想事成的整理心法

在心理治療上，我們總是不難發現，抑鬱痛苦、陷入悲傷漩渦的個案們，往往活在過去。過去發生了痛苦的事，而這些過去了的事，卻一直在心中痛苦。因為你想起了那個傷害你的人，因為你想起了你失去了的東西，因為你想起了你得不到的人事物，所以你哭，你情緒翻湧。所以你一直被困在過去，走不出來。

能好好活下去的人，往往是能好好地活在當下的人。要洗去傷痛很難，要忘記過去很難，要抹去一切也很難。過去既然抹不走，那麼就在這一刻好好活着。

這一刻的你，身邊並沒有那個傷害你的人事物。這一刻的你，和過去活在一個截然不同的時空。

只專注看着四周的東西，你眼前於當下的東西。這些東西，沒有傷害你的意圖。甚至乎，這些人事物，你喜愛的物品們，一直在支持着你。每一樣東西，當下在你眼前的東西，能陪伴着你的東西，都是一種難能可貴的緣份。

你看看牆上那一幅字畫，是某次旅行令你怦然心動的一見鍾情；你看看桌上的那一支筆，是某位良朋知己贈送予你的心意；你看看書架上的書本，滿滿都是這個世界不同作家們給予你的知識和力量；你看看你的寵物，你是牠生命中的唯一。

你看看最近買回來的、一件心儀的小東西。你很喜歡它，你忽然覺得，能夠喜歡竟然是一種多麼美麗的心情。它們，才是你眼前的、美好的、心動的、安全的……世界。

當下這一刻，真實的世界。

⌘ 只把美好的回憶留下來，將來會更美好 ⌘

這也是為甚麼，在我們整理物品的時候，那麼重視與堅持要留下喜歡的、心動的東西，丟棄會令你產生負面情緒的東西。每一件物品，都盛載着過去的記憶，它們就像一個小小的記憶資料庫。假如你把它放在當眼的地方，你就會無時無刻被提醒着過去負面的感覺，即使你可能無法覺察到它的影響力。

即使你把它放在不顯眼的地方，只要它身處於屬於你的空間，那也就依然存在於你的空間。唯有把它們捨棄或行動上把它們移離你的真實世界，才是真的把它們移離你心裏的世界。

人其實無時無刻都被環境所影響着而不自知。要打造一個有效地改善人生的環境，就必須移除負面情緒或壞習慣的提示。習慣一旦在心裏成形，就很難磨滅，正如吸毒的人們最難處理的不是戒毒，而是不再次上癮。雖然說難，若真的能做到某些條件，也總有一些方法。如所有的壞習慣一樣，第一件事，就是下定決心不再碰。一切由心造，心意不堅決自然容易被引誘。然後，就是環境的輔助，切斷所有能牽動吸毒行為的刺激物。最簡單，就是環境中的物品，例如吸毒的工具，以免看見便勾起癮頭。當然還有吸毒的朋友、販賣毒品的朋友，也不再前往有潛在人事物的場所，以免受到耳濡目染的影響，亦不再讓自己置身於這些充滿刺激性提示物的環境之中。

又例如失戀。既然戀人都離開了，為甚麼還要留着對方的東西呢？留着對方的東西，又令人感到依戀。這是一個惡性的循環。再舉一個非常受歡迎的例子，就是外遇。事主往往都會誓神劈願地表示不會再見對方，但往往又會藉詞製造一些公事或私事上聯絡的可能性，甚至乎是定期聯絡，往往這些都會成為了藕斷絲蓮的機會。假如對方堅持要保持聯絡，那麼其實也呈現出對方放不下，這時真的要深思，是否還值得留在這個人身邊了。

讓你身邊的東西，讓你沉浸於美好的世界、喚起美好的回憶吧。人生，會美好很多。

⌘ 弄清需要的東西，讓自己及資產增值 ⌘

物品的需要與否，視乎你覺得有沒有用。例如手機，相信很多人會說「必定需要」，但仔細想想，再細心想想，沒有了手機你會死亡嗎？不會的。

但有朋友會反駁：「但我覺得我可能活不下去。」

這是習慣使然，也是四周環境使然。假如把你扔在一個落後的鄉村小鎮，沒有網絡的地方，沒有手機你也可以好好活下去。

因此，需要與不需要，可以說是很現實的。需要的東西，會隨着歲月、生活方式及環境而變更。因此不必執着於「以前覺得很有用，所以要留着」，很多整理術只教人將眼光放於當下及不遠的將來便夠，但其實，謹慎挑選「需要的物品」，能為人大大提升價值感。

資產是資產，資產不是普通使用的物品

有些朋友會將擁有的資產與需要的東西混淆。資產是一些本身的價值不會大幅度消失的東西，例如一件有美斯親筆簽名的球衣，你即使不會穿着，但也會好好收藏，而且哪天急需要錢，也能賣出好價錢。另一方面，電腦或手機等買回來時哪怕價值過萬元，但五年後賣出去完全不值一文，甚至乎需要付費來回收。收藏品、金器首飾等不會隨年月而失去價值，甚至乎可成為你的被動收入，故此這些屬於「資產」類別，而非「生活用品」類別。

短期的生活用品，能給你長期的效果嗎？

思考必需品時，一般會以「當下及不遠的將來」能否用到為考慮的因素。例如洗衣液，其去污之外同時能減少衣服受傷的程度嗎？這類大量消耗的功能性生活

用品或食品，很多時都能在超市的減價產品中找到，有些人會覺得沐浴液或洗潔精等，能洗乾淨身體或東西便可，不必太在乎品質。但試想想，天天使用的東西，正如每天喝下的水或吃進肚子裏的食物，營養可以每天累積，毒素也同樣能每天累積。這些用品雖然短期有效，但長期使用反而得不償失。

因此在思考必需品時，除了考慮到自己是否真的需要外，也請在購物時，考慮到「這東西對我來說長遠會有幫助嗎？」。

有時，「差少少，差好遠」。

使用一塊好抹布，成為人生的贏家

有些人可能第一個想法，就是「使用名牌的包包、名牌的衣服」。首先，正如每一個人都有其獨特之處，每件物品也同樣有其獨特之處，當中包括名牌或非名牌的產品。但適合你的，卻不代表適合我的。因此去衡量一件物品能否提升自我價值，以內在價值為優先，外在價值為次要。因為沒有內涵的人，無論使用多名貴的產品，也只會像個土豪而已。

在我小時候，家庭電器用上十年是很平常的事，但現在一件新買的電器常常在兩三年後便要更換。速食文化下人們欠缺耐性，心思多變，目標也變得快，人生的方向也跳來跳去，亦因為不持久，往往多在前期累積經驗的階段便很快放棄了。

投資專家巴菲特說過：「如果你不願意持有一隻股票超過十年，那就連擁有它十分鐘都不要考慮。」

夢想也是一樣。假如你覺得你無法堅持你的夢想十年，那麼也就別浪費時間了。當人生的目標方向有一個清晰的定位時，你所持有的物品，也該以簡單的方式來向這目標邁進。每花一筆金錢的時候，問問自己：「這有助提升我的價值嗎？」例如買書籍、上課程等，這些固然能夠令自己增值，但其實除此以外，購買物品時也一樣。

以一塊抹布為例。一塊能在瞬間把東西抹乾淨的抹布，你知道能省去多少時間嗎？我不知道有沒有人做過這樣的研究，但我們卻可以想像一下。一塊在家品店買的廚房抹布，十元可有三條，這類型的抹布相信不少人有用過，抹東西時粉塵類因為不會吸附在布上，故此很多時都會弄髒地板或其他地方。濕水後即使擰乾，也需要較長時間才能乾透，且容易生出異味。布上的污漬很難洗淨，清潔劑也需要較長時間才能沖走。擺放在廚房也令人感到不美觀，使用時也影響心情。

貴價的抹布約一百元，卻可以瞬間吸附粉塵或頭髮，快乾、易清潔且不會生出異味，經過專業測試，可用上二萬次。使用的地方不限於廚房，甚至可以用來抹擦廚具、電器、家具、地板、牆壁塗鴉，甚至鞋子，令其乾淨與煥然一新。當然，我相信大家並不會用同一塊抹布來抹鞋子和廚具的。清潔過程多麼的爽快、時間也大大縮短。使用時，也令人心情愉悅。

噢，還有，你也可以在大特價時，以折扣價購買的。

簡單如一塊抹布，也能令你整天的心情大幅度改變。能快速且有效地清潔，令你空出寶貴的時間休息、學習與增值自己、尋找投資的機會、和愛人享受美好的時光，這些附加的價值，均隱藏在抹布的背後。

因此，在購物時，其實更應該換腦去思考：「這東西對我來說，能幫助提升我的價值嗎？」

⌘ 一個舒適的地方，是幾乎沒有多少雜物的 ⌘

整理術中，常談到清理雜物與障礙。

障礙，不只是放在地上多餘的雜物，也包括多餘的、令居所或環境氣場變得混濁的東西。有些朋友喜歡把衣服放在床上，又或在床的一邊擺放許許多多的公仔玩具。先不說這些公仔其實很少會清洗，因此易積塵，不大衛生，即使是衣服，也會造成一張床的能量不流通，睡眠質素受到影響。

單單將雜物清理掉，環境的觀感就會大幅度提升。雜物往往呈現出一種被漠視、視而不見、對問題無感、忽略與混亂的形態，令到空間的能量也同樣混濁起來。

障礙物則會造成一種心理暗示，生命中總有些事情會突然遇上阻滯，進度緩慢甚至停滯不前。假如障礙物容易弄傷手腳，清理了障礙物後，心中會有一種豁然開朗的感覺。開始時也許會有點不適應，但習慣了之後，日子也就順遂起來了。

這種心理暗示是：道路是暢通無阻的、安全的、前進是順利的。

⌘ 清理淤塞點，打通奇經八脈 ⌘

清理淤塞點和上一節有點相似，然而更隱密與難以發現。例如水渠中的淤塞，除非真的出現了狀況，不然便很難察覺。

中醫有一句名言：「不通則痛。」居所是我們外在的身體，同樣地，不通的話，就會出現令人容易生病的細菌或氣味。

淤塞點的心理暗示，就是生命中被忽略（刻意與不被察覺）的問題，日漸累積而成的狀況。例如和伴侶持續的冷戰或不溝通，心裏壓抑的不滿或忍耐，過度工作導致的疲勞，想不通的事情等等。

因此當主動去清理淤塞的地方時，心中就好像做着一個動作，清理自己內心淤塞着的東西。有時當我們重複地做着同一動作時，腦波會進入 Alpha 的狀態，配合清潔整理的動作作為心理暗示，心中會突然有些遺忘了的重要事件浮現，又或想通了某些重要的東西。而以前一直不想做的事情，也彷彿有了新的動力。

彷彿在某一瞬間，身上的奇經八脈被打通了一點，智慧增加了一點，對不同人事物的心態也改變了一點。這一點點，積累下來，就像飛機的航線，只有那麼一丁點的變化，就已經到達了截然不同的目的地。

⌘ 佈置能提升正面情緒的東西，感受多一點美好 ⌘

在客廳中放一束鮮花，令到本來死氣沉沉的空間，多了一些色彩和香氣；放一幅令人心情愉悅的畫作，每天都是美好感覺的心理暗示；假如感到孤單寂寞，不妨養些小動物，當中除了貓狗之外，簡單的如小龜、小鳥、小鼠等，不難照顧又可令空間充滿一種生氣，而與寵物之間的互動，也能讓人發出會心微笑。

重點是這些東西，能令你提升正面的情緒。

一個有能量的空間，總是瀰漫着一股生氣，也許是淡淡的、也許是濃烈的。具宗教意味的神像或法器也可以擺，但不宜數量太多。因為所有宗教的事物，對心理都有一種神聖力量的暗示意味，太多太雜會令人產生一種壓迫感，甚至乎心裏可能會覺得對神明有點冒犯，彷彿迫着神明要看見你、照顧你一樣，也彷彿強迫着自己長期置身於一個「不是人住的地方」。我們常常會說到了某個旅舍，感覺很有當地的人情味，也很像「家」，這些感覺會令人放鬆及有安全感。因此，宗教物品太多的地方，會反而令人容易感到緊張和焦慮。

想深一層，宗教物品其實也可說是一種暗示物，暗示着一種「幸運」及「被上天眷顧」的渴望。但首先要讓自己住得舒服，這些暗示物才會在不知不覺間產生作用。與其擁有大量的法器，倒不如讓家居充滿生氣，善用不同的物品令自己的能量提升，更有強大的作用。

⌘ 善用物品的意象，創造將來 ⌘

很多教人整理的書籍，只提及要留下令自己有美好感覺的東西，但對於「創造理想的將來」方面卻極少有具針對性的着墨。

嘗試回想一些勵志的故事，想做太空人的孩子，從小房間便貼滿了太空飛船、八大行星的海報；想做 NBA 籃球選手的孩子，整天籃球不離手，清晨四時便會外出跑步及打籃球；想做畫家的孩子，總是對畫筆和顏色愛不釋手；想做作家的孩子，家中滿滿都是書籍。

當你很想要某種將來時，你的一言一行及所使用、擁有的東西，都會包含着這些你渴望的部分。除了不自覺地使用的物品外，也可以自行增添一些對創造理想將來有用的東西。

例如貼海報、買一些實體書（不是電子書）放在當眼處，又或使用一些具象徵意義的物品。例如我見過一位渴望成為瑜伽導師的女孩子，平時使用的水壺、穿的衣服上都有明顯「YOGA」的文字；也見過一位渴望成為插畫師的女孩子，IG 上追蹤的全都是插畫師的帖子。

但也需留意這些物品的象徵意義，例如一艘墜落的飛船、被外星人攻擊的飛船，象徵着失敗；一艘發着光飛往太空的飛船，象徵着成功和希望。不同的暗示，會在潛意識裏產生不同的化學作用。簡單一點，正面一點，產生負面化學作用的機會就會少一點。

⌘ 當眼處擺放的東西，令你潛能倍升 ⌘

很多人第一時間想到的，是一些勵志的語句。

「每天做一件值得感恩的小事。」

「好運常在我身邊。」

「喜悅、自在」

「今年會賺到一千萬！」

勵志的語句當然有用，因為能提醒自己「要成為一個怎樣的人」。然而這還是不夠的，因為勵志的語句往往欠缺圖像，有時會淪為一種空想。當然勵志語句還是要放的，但另外也能放一些「強化的暗示物」，來協助達成目標。這類的暗示物可分成「激發潛能的暗示物」及「激發美好結果的暗示物」。

心理學上有一個著名的理論，名叫「模仿效應」。一般來說，在社會上發生了某些特別罪案後，尤其是嚴重而被大肆報導的，例如槍擊案、連環殺人案等，不知為何會在短期內出現非常相似的犯案手法。由於通過傳媒的廣泛報導，有些本來心理偏差的人便被導發出極端的行為，就像流感一樣，犯罪的心態被不斷擴散。

人本來就對某些擁有自己渴望的特質的人，會產生一種仰慕、崇拜，甚至模仿傾向，因為他們做出了自己想做卻又不敢做的事。但另一個層面來看，人類這種心理也能用於正向的一面，例如因為某名人的特質，令人想仿效其正面的成就。例如被美譽為「經營之聖」的日本企業家稻盛和夫，六十歲時本來從其成立的京都陶瓷株式會社（現為京瓷）退休，在他七十八歲高齡時，又被邀請解救陷入危機的日航。二〇一〇年一月，由於全年虧損超過一千二百零八億日圓，日航宣佈破產，並在同年二月撤銷股票上市，當時日航總負債金額為二點三兆日圓（即約二千零二十八億港幣），是日本戰後第六大規模的破產企業。

經過稻盛和夫的改造，短短兩年八個月後，日航竟然在二〇一一年創下二千零四十九億日圓的獲利紀錄，是當時全球航空公司之冠，連續三年獲利超過一千八百億日圓後，二〇一二年九月，日航正式重新上市，向世界飛翔。

假如你覺得自己不夠自信，但又有宏大的理想，渴望成為另外一個稻盛和夫，那麼家中就應擺放一些能令你喚起稻盛和夫是個怎樣的人的暗示物。當然你可以常常乘搭日航，但日航和稻盛和夫並不是對等的。反而，你可以將稻盛和夫的自傳或海報放在當眼處，因為你想成為像稻盛和夫這樣的人，因此暗示物就是人物的形象。

提升運氣的秘技

催眠中有一項常用的工具，叫心錨（Anchor），能有效提升內在潛能。

1. 找一樣你覺得會帶來幸運的小物件。可能是小石子、一件一見鍾情的小物、曾中過獎的彩票發票、某寺廟求來的護身符等。

2. 每天帶着它，每當要鼓起勇氣做某些事件時，便摸一摸這件「幸運的小物」，請它為你帶來幸運。

3. 然後無論結果如何，都感謝它。

這樣，這件「幸運的小物」就會成為你「激發潛能的暗示物」，因為用得越久，它就越會提示你是「幸運的」、「勇敢嘗試吧！」、「你是做得到的」。人是迷信的生物，即使只是一種透過自我催眠及自我暗示而造成的「幸運品」，因為有了迷信的成份，便又會再加上了「安慰劑效應」，即是「只要事前撫摸一下這會帶來幸運的小東西，我便能夠得到比預期中好的結果」，所以結果也會顯得更為有效。

激發美好結果的暗示物

另一方面，假如你對於外表不夠自信，就放一張你渴望成為的偶像相片在願景板或當眼處。對方最好是和你有過相似經驗的。例如你現在有些胖，渴望減肥及擁有迷人的外表，人際關係良好及高 EQ，你可能會想到姜濤，因為他以前也是一個肥仔，在麥記做過兼職，家庭背景平凡，但憑着努力卻成為極受歡迎的歌手及明星，在娛樂圈的人緣也非常好。

因為這暗示物能激發出你內心的美好結果，令你相信人生有希望。有些物品具有象徵意義，例如偶像的照片是很常用的暗示物，但其實不只是名人，有些物品假如能令你想起美好的結果的話，也是很有用的。例如想談戀愛的朋友，又或想和情人關係甜蜜的朋友，建議可使用一些帶有甜蜜訊息的用品，例如一雙一對的可愛小動物的記事本、手機套等等。

⌘ 建立成就你的場域，擁有固定的能量 ⌘

相信很多專業人士都有同感，當技巧經過歲月洗禮及千錘百煉，施展起來就會看似很快很輕易。例如以心理治療來說，我不只一次聽見專業的同行及前輩總是很驚訝地說：「怎麼你的學生或個案，這麼快便能進入潛意識的狀態，或產生意象？」

有些學生自己本身是治療師，當然會躍躍欲試同樣的方法，但總是覺得很挫敗，總是懷疑我在藏私，沒有把秘訣教出來。

但其實秘訣很簡單，把一件事做至少一千次，你便能產生一種場域。把一件事做一萬次，你便能產生一種生命力。然後持續地去做，場域和生命力便會越來越鞏固。

相信很多朋友在「運滯」時，會選擇去寺廟或教堂，有些經濟上富裕的朋友，更會前往拜訪聖地。由於這些地方總給人一種淨化、祝福與神聖的感覺，自身的煩惱或痛苦也會消散了很多。這也是場域的力量。

在山上本來沒有道路，但被人不斷重複行走之後，道路便自行形成了。

一個人有自身的場域，一個地方有自身的場域，而自己的家居、房間，甚至乎你工作的桌子，也屬於一個場域。場域的形式，在於持續不斷穩定的「加持」，說來好像很玄妙，但其實只是持續不斷地提供一些相似的資訊或感覺，日子久了，場域就自然而然地形成了。

以家居為例，廁所的感覺和睡房的感覺，一定不一樣，是嗎？

沒有人會刻意在睡床上排泄的，除非那人精神不正常，又或服用了致幻的藥物，又或是為了復仇。身體有疾病者不計入內。

我們常常說，在適當的地方做適當的事情。例如工作的桌子就只用來工作，禪修的坐墊就只用來坐禪。每一樣物品各有其角色及崗位，不同的場地、空間、房間也一樣。也正如我們每一個人，在不同的場合都有不同的角色崗位。

清晰了定位，頭腦及心態也多一份從容自在。

⌘「忠於自己」有一種神奇的力量⌘

每一個空間及物件的角色定位，正如我們對自己這趟人生的角色定位一樣。很多人都活在別人的期望與要求之中，不斷為別人而付出，受着大眾傳媒的影響，每天營營役役。但每當夜闌人靜，四周漆黑一片時，內心卻有一份空虛，寂寞難耐。回想過往的人生，究竟有多少真的值得自己犧牲，又有多少人真的上心？

我的個案很多時都會有自卑的狀況，即使生活已經算優渥了，但還是會禁不住和別人比較。渴望住在更高級的房子、渴望賺更多的金錢，為何和自己同齡的舊同學都已買車買樓，經常到外地旅行，生活那麼的暢快愜意，而自己卻仍是每天營營役役上班、加班，做到滿身痛症卻還只夠餬口呢？

我自己以前也是一樣，嚮往外國的生活，渴望住在大房子裏，擁有自己獨立的居所及房間。即使花了整輩子辛苦工作存下來、其實也為數不多的金錢到外國居住，結果還是回到了香港，繼續工作和生活。那是因為即使我喜歡外國的生活方式，但那裏的東西太難吃了，香港人的胃，真的是被寵壞了的。家人不在身邊，出了意外自己也不知所措，而且，因為語言不通，連生存都有困難。

當我從捷克回到香港之後，生命就很奇怪地，讓我搬房子搬得異常頻繁，這十多年來，平均一年至少搬一至兩次。

當我越來越能把握到自己想過的生活時，我的東西越少。一次次的搬家，像是一次次的洗禮與去蕪存菁的過程。以前我很怕朋友到我家，因為我覺得很羞愧；現在我倒是很歡迎朋友前來，無論是公司或是家居。我的家其實不如大家想像中，像我治療室那般充滿靈氣，反而樸實平平無奇，加上兩隻貓，總是有些可愛的混亂感。

然而我卻不在乎。難道我要迫貓咪去整齊嗎？強迫貓咪違反天性，不要跳上跳下及玩貓抓板嗎？人們都說貓咪有令人着迷的力量，就是牠明明聽得懂你叫牠的名字，但就是裝作不理睬你。貓咪有着獨特的個性，而人貓相處的學問，就是學懂尊重貓咪的個性。這不是和人際關係很相似嗎？

「忠於自己」有一種很神奇的力量。

因為貓咪過着自己想過的生活，做着牠喜歡做的事（例如舔毛、睡覺、打翻你桌上的杯子、喝你的水、呆望空氣中你看不見的東西、追逐令你尖叫的小昆蟲、在肚餓時向你喵喵叫等），但我們知道，這就是貓咪，牠不是牠穿戴着的頸環、牠睡的床、牠吃的罐罐，也不是牠身上的血統，更不是別人眼中的貓咪。

牠，就是無論多頑皮、多不理你，還是令你心甘命抵地花掉許多金錢的那個小寶貝。世上沒有任何一隻貓，能替代你的孩子。

而你，也一樣。你，就是你自己。

⌘ 花時間使用與喜歡它，讓它和你建立美好的關係 ⌘

和物品建立關係也和人一樣，需要多陪伴，物品是越被使用越令人安心的。很多物品不知不覺就待在自己的身邊許許多多個年頭了，例如我有一支鉛芯筆，從中學時一直陪伴着，直到現在還好好的待在筆袋中，只是使用鉛芯筆的次數已比以前少了很多，但偶爾還是會記起和拿出來使用。

又例如一個我用來放喜歡的小石頭的小布袋，它本來是一個零錢包，但我卻從沒有用它放過金錢，連怎樣得到它我也記不起來，但它卻陪伴了我很多個年頭了。至少在我印象中，有小石子時，便開始把它們放在這小袋子內。

就像有一些人，初相識時對對方並沒有特殊的感覺，但因為一直在一起工作，又或一直一起上課，或住在附近，又或即使只是茶廳餐常常招呼你的伙記。因為常常遇見，所以心裏便生出了一份親切感，漸漸，生出了情感。

正如，那些曾天天路過但很少光顧的小店，是你回憶及成長的一部分。某天它消失了，你總是心裏有種悵然若失。

願望也是一樣，你不敢想它，它就跟你保持距離。但當你天天想想它時，就生出了感情，不知不覺就能不費力地堅持了，因為要做的東西已經成為習慣了。某天回頭看，已經在不知道的某一天，得到這個願望了。

很多人以為心想事成像中六合彩，是突然達成的，會很驚訝和開心。但其實無數的例子發現，因為持續去做能幫助達成夢想的事情，它們漸漸變成每天的習慣或生活，然後在不知不覺中你已經成為了想成為的人。因此，多想想它，就如你經常去的那間茶餐廳一樣。

⌘ 珍惜與物品的緣分，讓幸福感洋溢 ⌘

有些物品，不知怎的就像和自己有特別的緣分一樣。

物品和人一樣，都值得珍惜。有些物品，在自己的人生中特別有紀念價值。

幸福是甚麼？

有沒有試過拿起一件小物品，心裏忽地有一股暖流升起？也許是回憶在不經意時突然浮現，也許連自己也不懂，為何就那麼的一瞬間，心莫名地柔軟了，眼眶就濕潤了起來。

小時候那一條不肯放手的毛巾，在街角和父母親吃過的魚蛋粉，某一張貼堂的作品。幸福是，那麼一點點的嘴角上揚，那麼一點點微末的溫暖在心坎，那麼的一種簡單的滿足。

這麼的點點滴滴，一點一點的累積。

我曾在不丹山上，嘗試找一顆喜歡的石子帶回去留念。當地的居民好奇我在幹甚麼，我說在找石子，他低頭查看，拿起一塊鵝卵般大小的、特別圓潤的石頭說：「啊！這看上去很不錯！」四周都是尖尖的石子，他手中這一塊我特別有感覺，於是乎便把它帶回了香港。

這塊石頭就成為了我的「鎮宅之寶」，它雖然不是甚麼珍貴的石頭，但只要它在，我就會覺得特別的安心，也許這也象徵着我和不丹某種特殊的緣分。

這些物品，就像前文所說的心錨（Anchor）一樣，彷彿有種特殊的力量，能令你產生某種特殊的情感或感覺。這可謂可遇不可求啊！請你好好珍惜這段緣分，正如那些生命中意想不到的人們，可能會為生命帶來意想不到的轉變呢。

⌘ 偶爾閉關，讓這個世界與我無關 ⌘

我會建議平時生活忙碌、很多責任纏身的朋友，偶爾閉關一天或數天，讓自己「脫離」身處的世界。

你可以選擇關掉手機電腦，去街市買菜，煮一頓豐富美味的飯給自己吃；又或出走外遊，獨自到一個沒有人認識你的地方或國家走走；也可以甚麼都不管不理，狠狠地睡上一整天；又抑或挑一本書、一兩套電影，進入故事中的世界。

有些朋友，也許會選擇去禪修中心，為的就是迫自己不再看手機，也名正言順地暫別塵世，可以遁隱。不用交代、不用說話、不用為別人而消耗生命，只是好好地享受每一刻，屬於自己的小時光。

抽離忙碌的生活，讓自己徹底地暫時切斷與所有人的聯繫，這種「只和自己好好相處」的時光，開始時會令人很不習慣。但漸漸，你會發覺這個世界是可以很寧靜的，你也許會感到一點的不知所措，但卻竟然有種活着的感覺。

和自己好好相處，對有些人來說是種挑戰，尤其是那些整輩子為了別人而勞勞碌碌的人們。當只剩下一個人時，竟然不知道想做甚麼，不知道想吃甚麼，不知道活着是為甚麼。在情緒病及精神病患之中，在我遇見的個案之中，因為別人而活的人為數不少。他們未必真的不知道自己想要甚麼，但卻一直因為別人，而把自己想要的東西變得很次要，口中雖說「無所謂」，但其實不過是一種自我安慰。因為「無所謂」，所以即使後退、即使不前進也彷彿不在乎，「無所謂」其實不過是一個讓自己安然地軟弱的藉口和逃避的理由而已。

有一種人，他們很清楚自己想要的是甚麼，知道自己在乎的是甚麼。因此面對着不在乎的東西，也顯得「無所謂」。這種卻是另外的一種境界。

第五章

能量滿滿的收納心法

因為喜歡，所以感覺良好；因為能力所及，所以有力量。
因為忠於自己，所以無悔；因為清晰想要甚麼，所以不會迷惘。
因為除掉了多餘的東西，所以乾淨。
人迷失，只是因為太多雜訊。
因此若能深入專注地感受自己的心，
就能觸及內在那點光，
就像漆黑大海中的導航燈，
一直向前進，
便能到達彼岸。

⌘專注的不是「甚麼」，而是「感覺」⌘

某次和著名的藝術治療教育者黎家傑先生聊天，他隨手拿着一盆毫不起眼的小草，說着如何用它寫成一首詩、創作一齣話劇、編成一支舞蹈、參出人生的哲理。

他說：「這和聰明無關，重要的是專注。」

當你專注看它的枝椏，你看見它伸展的姿態；你專注看它的葉子，你看見它生命的力量，有大、有小、有綠、有黃、有枯萎、有掙扎求存。當你專注它的形態，你看見它的感受及感覺。它是那麼的豐富，它在說着很多很多不同的話，透露着許許多多不同的訊息。

人類是很幸福的生物，擁有着豐富的感官。

視覺、聽覺、嗅覺、味覺、觸覺、意識與心識；眼、耳、鼻、舌、身、意，還有潛意識。

當我們專注於一樣東西的時候，就能看見不同的面貌，然後重新表達出來，這就是藝術，這就是創作。

人生整理也是一樣，專注的對象是自己，創造的人生也是自己的人生。

⌘ 讓每件物品都被看見，你便能被看見 ⌘

不少心理學家均提及過，拖延症出現的其中一個重要原因，就是我們內心有許許多多未完成的事件。這些事件雖然甚為微小，可能是下班要去買女兒的文具、聖誕的購物清單、明天要致電某客戶、要給同事寄電郵、要陪太太去和舅父吃飯、要看完近來在追的連續劇，很細小很細小，看似沒甚麼分量，但通通都是要做的事。當心中存在着這許許多多的事情時，不覺地，就像壓垮駱駝的那根稻草，積少成多，對心靈成為沉重的負擔。

家中的物品，即使被藏在看不見的地方，但其實也佔據着記憶的資源。有沒有試過突然需要某樣工具，你明明知道自己有這件東西，但怎樣也找不到？這工具你平時絕對不會記起，你也以為它不存在，然而到你需要用它時，卻又清晰地記起自己擁有它。

家中的物品越多，佔據的記憶資源也越大。

整理收納學中，總是堅持把東西都分類及有條理地擺放，而且讓每一件物品都能夠「被看見」，例如衣服以直立方式摺好等，這種收納方式能大大減輕心理的負擔，讓我們不需要為了找某件衣服而翻箱倒櫃，也不必花太多資源記住某東西放在甚麼地方。

亦因為每件物品都需要被看見，平時匱乏的感覺也會大幅減少，因為看見的數目多了、種類多了，自然見到真正擁有的數量。正如你看見一把剪刀，你便不會覺得需要多買一把。但當你看不見剪刀的存在時，要用的時候沒法即時找到，那麼便會去買一把，我見過的個案，家中有超過十把剪刀，因為她說她總是找不到剪刀。

正如一個人總是渴望被認同、被看見，因此讓物品能夠被看見、被使用，也是認同它們的存在意義。當我們擁有了認同別人的能力，我們也就開啟了潛意識中被人看見的開關。因為我們會覺得，能夠被看見，其實是一個很普通的狀態。這種開啟心理狀態的暗示，會令人覺得人生更有意義。正如一個小孩子，當被讚賞認同時，也會更願意去嘗試。

當一個人有了存在的意義時，活着也是閃閃發亮的，物品也一樣呢。

⌘ 喜歡之餘也要令你放鬆，進入 Alpha 波之中 ⌘

在網絡上看見這麼的一段話：

「你喜歡吃士多啤梨，你會毫不猶豫的買下它；就算你不喜歡吃香蕉，但考慮香蕉能幫助消化，你還是會買它。

——喜歡是單純的，不喜歡才會權衡利弊。」

之前我們談過如何決定需要不需要，但喜歡也是很重要的。資產你不會丟，因為你喜歡資產背後的金錢特質，即是金錢能令你得到你喜歡的東西。一塊好的抹布，能為你帶來更多的時間、優美的環境、健康的身體、理想的將來及關係，所以背後也能令你得到你喜歡的東西。

因此，喜歡，是一個更深層次的邏輯。

正如以下的問題：「你真心想跟一個你不喜歡的人過一輩子嗎？」「你會想跟不喜歡的人住在一起嗎？」「你會想住在一個亂糟糟的地方嗎？」相信絕大多數正常的人都會說不願意吧。世上沒有一個人，做的所有決定都是違背自己的心的，小至用一塊紙巾、一支筆、吃的東西，大至婚姻大事與居住環境。面對着自己不喜歡的東西，人是難以快樂起來的。因此，喜歡或令自己愉悅是人類一種很基本卻又十分重要的需要，以及生活的原動力。

正如你做着喜歡的工作時，縱然多麼辛苦卻仍樂在其中。和心愛的人相伴時，縱然只是水煮蛋或白飯，也吃得津津有味；不用去高級餐廳，吃快餐也感到幸福。

使用喜歡的物品，這件事本身就讓人感到愉悅，能提升正能量。但有些朋友可能喜歡極鮮艷或陰沉的顏色，這些顏色對視覺及精神都具有刺激性，故此建議以能令人感到放鬆愉悅的顏色為首要。人在放鬆的空間內，才能更好地療癒每一日疲憊的身軀，才能吸收最多的資訊。因為當一個人放鬆的時候，腦波便進入 Alpha 波的狀態，能大幅度提升學習能力，同時，你在居所中精心設計的暗示物，就能更有效地進入你的潛意識。

⌘ 家是療癒與回復能量的最佳地方 ⌘

正如一棵大樹的根，扎根的土壤會影響大樹生長的品質，也影響結的果子是甜是澀。而家是一個人心裏的根，居所就是土壤。當我們疲憊的時候，往往第一件想到的事，就是「想回家」。

因為「家」是一個每天都會收留你的地方，一旦這地方不再收留你的時候，你就不會再認為這是你的家了。「家」背後蘊含着一份依靠與情感。即使家中空無一物、空無一人，只要你覺得可以讓你天天回去安睡，無事時能去待着，就是一個像家的地方。

就如三毛的名言：「心若沒有棲息的地方，到哪裏都是在流浪。」

每一個人的心，都渴望有一個安堵之地、棲息之所。一個能放下所有面具、身份、包袱與疲憊的空間，一個可以休息與回復的空間。

因此，在根的地方若能好好地滋養，用美好的事物與心靈來培育這片土壤，就能為自己的人生種出美好的樹木與果實。

⌘ 刻意更改模式，幫助自己放下 ⌘

現代人有種奇怪的想法，會覺得睡覺很浪費時間。那是因為很多人都不知道睡覺有甚麼重要的作用，所以以為沒有也不要緊。

世上千千萬萬的生物，包括人類，都需要睡眠。一天八個小時，失去了防禦的能力，不是沉睡到難以喚醒，便是在做夢。

而唯有在睡眠之中，人才能完完全全忘記日間的煩惱、瑣事及糾纏不清的人事物，即使在失去所愛的莫大痛苦中，也能得到一定程度的安寧。睡眠可以說是造物主最偉大的發明。

單單以人類來說，彷彿唯有將所有事情都放下，我們才能進入一種復原的狀態。

要刻意放下很難，但透過改變環境，卻輕易便能做到。

有沒有試過當你被生活或工作壓得喘不過氣來時，到外地去一趟旅行，旅行期間彷彿所有煩惱都丟下了，笑得多麼的自然？這是因為到了外國，四周的環境是全新的模樣，當中沒有一樣是和你原本的壓力有關的。

旅行就是在不自覺的狀態下，切斷了環境中的壓力源，大幅減少了令人記起壓力的物品，大幅增加了新的刺激，例如享樂中的遊人、令人想大快朵頤的美食、新鮮的建築物和陌生的文化氣息。這種一百八十度的轉換，令人忘記了原本的生活。亦因此，外遇往往在出差或旅遊的人身上十分常見。因為環境改變了，故此情人的身影和感情也變得淡薄了。

而事實上，要改變現況或壓力，不一定要走到外地。其實只要離開身處的環境一段時間，也能做到相似的效果。例如放一天假到離島走走，去不同的餐廳，喝不同的飲料、吃不同的食物。

刻意更改舊有的模式，離開現在或習慣的環境，其實也是一種幫助自己「放下」的生活習慣。

⌘ 收納工具，讓收納變成了壓力 ⌘

假如你到外國旅遊，你會選一間乾淨整潔的旅館，還是房間內滿是雜物、亂糟糟的旅館？雜亂的地方令人內心產生莫大的壓力。有沒有記得小時候，當你把東西弄髒弄亂了，母親有多生氣？

即食文化，令到很多東西用完便立即被拋棄。收納，卻成為了日常生活中最平常卻又令人不再那麼有耐性進行的活動。古時的收納，講究程序、工序和耐性。農民耕作，一切都急不得，要長出稻穗，需按二十四節氣變化成長，不能揠苗助長。秋收冬藏，何時播種、何時施肥、何時落田、何時收穫，用甚麼器皿盛載，用甚麼工具打磨，通通都有其學問之所在。現在，這份耐心耐性都如網絡的世界，只求快，不求精。

因此，收納整理的工序，重複又重複的洗碗、用碗；洗衣、收衣、摺衣、藏衣、取衣等等，都顯得「很麻煩」。

但若然能培養收納的耐性，人的個性也會比較平和。因為沒有那麼多的時間，沒有那麼多閒適的心情，收納就成為了一種日常的壓力。而當需要收納的東西越來越多時，壓力也會越來越大，最後即使想執拾，一旦想到便會產生逃避傾向，反而做不到，因此持續拖延下去。

另外，就是收納的工具太多，箱子太多。每次拿出工具後便懶得再放回去，於是乎家中的雜物也越堆越多。故此我們並不建議有太多的收納工具，反而着重於減少收納的和使用的工具。讓生活變得精簡，收納不再是沉重的負擔，心情也就輕快起來。

⌘ 為了省錢，其實花了更多的錢 ⌘

我有一位個案，她表示每次見到超市減價、特賣場等，便會忍不住買很多東西回家，因為覺得很超值，買的時候覺得自己會用得上。例如一百元三瓶的花生油，往往一瓶也未用完，便因為買了橄欖油，餘下兩瓶一直沒開封，隨後便遺忘了，發現時已經過期要丟棄。這些例子不勝枚舉，衣服、洗衣液、日用品、旅行裝備、食物、零食等等，家中囤積着許許多多新簇簇未開封的東西，也有大量用了一半便嫌棄了的東西。

我問她，有沒有一樣東西，是她一直用着，沒有變過心的呢？她很快便能回答：「有啊！我的杯子是不會換的。」

我問她：「為甚麼呢？」

她說：「那是小時候我跟最好的朋友一起買的杯子，那時候我用了整個星期的零用錢，對當時的我來說是很貴的，而且它質量很好，我很喜歡，這麼多年用到現在。我也不會讓任何人用這個杯子的。」

因為有感情、因為有質量，所以用了很多很多年。因為珍惜着，所以不想讓其他人使用。

那些她為了省錢而買的東西，大部分變成囤積物，結果沒有被恰當地使用，又佔據了大量空間，令家中變得擁擠侷促，有些東西放了十多年也沒有動過，衛生環境欠佳，住在這裏，自己的心情也大受影響。這種得不償失的結局，屢見不鮮。每次我聽到相似的故事時，心中都不禁慨歎。

相反，因為杯子充滿着感情和喜歡，即使昂貴，但卻貴得有價值，一直被珍惜使用着，令她在淩亂的物品中得到一份的滋養和安慰。她說原來自己也不是那麼差的，還留有一抹安寧的心境，就是這一份難能可貴的友情。

⌘ 排列得好，使用起來更順手 ⌘

很多人在整理物品時，通常懂得分類，但卻忽略了分類之後該如何排列。有些人隨意排列，也有些人按喜好排列，但其實有時喜歡的東西，卻不一定使用度最高。因此會建議大家排列或擺放物品時，按使用次數的多少來擺放，使用次數越多及越頻密的，則排在最前、最易拿到的地方。

例如刀的使用次數比叉子少，那麼叉子便放在最外面的一格，而刀則放在內側。而又由於餐具比鍋、鑊等廚具的使用次數高，也較細小，故此會放在最順手能拿到的抽屜中，而鍋、鑊等則放在較低的位置及櫥櫃之中；因為有一定重量，故此不會擺放在高位，使減少拿出時扭傷的可能性。

⌘ 別把愛人和手機的排列次序放錯了 ⌘

我們每天不同時間會做不同的事情，如想讓事情更有效率，那就要在不同的場地及環境中，作出一定程度的調適。

例如手機是最常用的物品，平時會放在當眼處一個固定的位置。然而當需要專注工作，例如使用電腦或繪畫時，那一刻最重要的使用工具便是電腦及畫筆，那麼手機就顯得次要了，這時應放在抽屜中，以免影響工作的專注度。

又例如想和愛人共度美好的時光，那麼眼前應專注於和愛人的相處和交流，別只顧低頭查看手機的社交媒體或其他資訊，否則被分手、被劈腿、被拋棄、被冷落或被發脾氣，也是咎由自取。

洗澡的時候你在洗澡嗎？吃飯的時候你在吃飯嗎？工作的時候你在工作嗎？睡覺的時候，你真的在睡覺，還是心中仍被其他東西佔據着呢？

⌘ 定，讓自己無後顧之憂 ⌘

心的安定，比一切都重要。我們常常說靜定，乃因心中的定，很多時都需要先靜。

世上所有莊嚴而神聖的場所，內裏的物品，尤其是重要的物品，都必定有一個固定的位置安置，不能輕易更改。彷彿這是一種尊重，彷彿是一種敬仰，彷彿是一種威嚴，彷彿，是一種不可侵犯的神聖。

有沒有試過要找一件東西時，卻忘了它放在哪裏？很常發生是不是？這多數因為擺放的位置不固定，或移離了位置卻沒有即時放回原位所致。

很多人覺得活得隨意就好，殊不知這種隨意和隨心，卻不斷消耗着內在的能量。正如一個人雖然有目標，但卻朝三暮四，時時變換，因為隨心，故此沒有固定的方向，連自己的角色定位也未必清晰。

例如天天都要使用的鎖匙，就必須放在一個固定的地方。出門時記得取，回家時順手放在原本的位置，無後顧之憂，也沒有多餘的心事。

心的位置清晰的人，煩惱少很多，如物品一樣，記得它在這裏，而它有自己的位置，心就會感到安定。

此外，物品的用途也需要固定，應避免互相抵觸的使用習慣。例如我最常聽見的是在床上使用電腦工作、在床上看電視等。床是用來睡覺的，而工作和看電視都是要用腦的。這種矛盾的功能會讓兩方面的功能都大打折扣。例如睡眠質素受到影響或工作質素未如理想。

我有一位個案，她就是會在床上用電腦工作的人。她總是說自己的睡眠和工作也沒有受到任何影響。而事實上，她總是戒不了夜睡。一個深夜兩三點才睡的人，每天早上九時要回到公司上班，真的沒受到半點影響嗎？還是一個人當局者迷呢？

又例如，有些朋友會在床上做運動（不是你想起會臉紅的那種），例如瑜伽的伸展等，但做了幾天便堅持不下去，幾乎沒有一個例外。也聽過有朋友在床上做靜觀呼吸，表面上靜觀呼吸是一種靜態的活動，但靜觀和睡覺並不相同，靜觀是需要有一定的覺察度的。當然也毫不例外地，大部分在靜觀期間便睡着了。

因此，物品的用途最好是單一的。例如娛樂用的電腦，與工作用的電腦最好分開；學習的地方和休息、娛樂的地方也應該分開。這樣才會營造出一個有效的氛圍及潛意識記憶。一旦到這地方，某些模式就會自動啟動。減壓的會更減壓，需要聚精會神的會更專注及有效率。

很喜歡一句說話：「每個習慣都應該有個自己的家。」

正如，我們每一個人，心裏都需要有一個歸宿的地方。

第六章

帶來幸運的佈置心法

風水學中，總是提到好風水的地方能「藏風聚氣」。

好風水的地方，總是能令人心曠神怡，舒適自在。在一個舒適的地方，人的感覺會特別舒暢、身體的疲憊也一掃而空。

當一個人心情好的時候，會覺得一切都很順眼，好事會發生。幸運彷彿和「舒適、心情好、喜歡」有着一種微妙的關係。

若居住在一個舒適、喜歡的地方，身體每一天都得到充份的休息和滋養，心情也會自然好起來，生活也自然而然會變得「順心」。

中文裏的「順心」，其實道出了人生中最大的幸運。

⌘ 風水是能量的流動 ⌘

正如人體一樣，健康的身體是通泰的、血管是暢通的、經絡運行生生不息的。一個地方，若不通風、不透氣、陰沉而少陽光，便會產生滯鬱的狀態。家中的動線，與風、氣的流動有着不可分割的關係。家中會有微微的風嗎？空氣能流動嗎？當很久沒有打開的窗被打開時，會覺得有一種沉鬱的氣息被打通的感覺嗎？

如果有，那麼你的家，就有滯鬱的地方了。滯鬱的空氣，容易藏有穢氣。正如一潭死水，容易滋生惡菌。

因此一個好的地方，總是有「順風順水」的感覺。某些地方聚氣，令人感到舒爽；某些地方儲水，水中卻自有流動的生命。

廚房和洗手間，最容易產生積水。濕答答的抹布或海綿，切記要把水擰走，讓其好好晾乾（因此一塊好的抹布是多麼的重要！）。上完廁所必須沖廁；用完的洗手盤及浴缸，若有污漬也務必即時清理，以免污垢累積。同樣，廚房若有吃剩的食物，務必放入冰箱或儲存盒內。食物擺放太久會引來蟲鼠，也會滋生污氣，對家居的感覺會有影響。

而這些污氣與穢氣，也會無形中影響着我們的神識與心情，情緒一低沉，好運來了也不想逗留呢。

⌘ 垂手可得的好運，靠動線 ⌘

當我在日本學習整理收納術的時候，「動線」是令我印象深刻的一環。香港居住環境狹小，除非是在辦公室等的地方，否則很少會聽人談及到「移動的路線」。大家可以把動線想像成居住的社區中不同的道路，或許是某一條從住宅移動到屋苑商場或車站最方便的路線。家中的動線也是這個意思，由廳到房間、由房間到浴室、由廳到書房或廚房等等的路線。

有些人會覺得，香港大多是蝸居，談甚麼動線？

大家千萬別小看這一條線，它就如身體的大動脈，也如大大小小的血管。地上的動線就是人從一處移動到另一處的路線，這路線必須是暢通無阻的，很多人隨手把東西放在地上，很容易便會絆倒。有些傢俬，例如矮椅或擺設，假如會影響人們行走的動線，也最好放到別處。當家中的路線清晰又暢通時，就如血管動脈等都暢通舒適。

另外一種動線，就是取物的動線。

有沒有發現，每當執拾過家居，尤其是搬了新居之後，取東西總沒以前那麼方便了？

運氣，總是在垂手可得的地方，只是你有沒有發現罷了。

當我們伸手拿某樣東西的時候，感覺是輕而易舉的，還是總有那麼的一點不順手？為甚麼收納術教我們東西不要放太多，而且要放在固定的地方？就是為了伸手去拿取的這一剎那的感覺。

這一剎那心中恍如無物的感覺，這一剎那輕鬆得不必費上任何力氣去記取的感覺。

這種輕易，得來不易。

因為，這就是我們生命之中，每一個微小卻重要的時刻，這微小的時刻，讓我們能捉得住生命之中的點點滴滴，毫不費力。

擺放東西的時候，你在家裏逗留最長時間的地方，又或最順手的地方，就最容易堆積東西。例如下班回家，隨手會把東西放在哪裏？往往都是伸手一放便可觸及之處。例如及胸或及腰的鞋櫃或儲物櫃頂、廳桌或飯桌、梳化或坐下來隨手便會擺放東西的小地方等。

因此擺放常用的東西時，一般會置於胸口上下的位置，例如在廚房，把常用的餐具放在第一個抽屜便是這個原因。衣服也是一樣，應將常穿的衣服放在最易拿到的位置，例如打開衣櫃最方便取的地方。

故此，為了避免凌亂的狀況，家中最好有一個容易取東西的櫃子，以取代隨手可擺放東西的桌子，並養成將物品放回原位的習慣。

老人及小童身高不同，他們常用的東西也應按其高矮而擺放。尤其是老人，因為年邁，腰也無法挺直，故此擺放的東西位置，應是胸口以下而非以上。次等常用的東西，也是以下方為主，盡量避免要爬高或伸手才能拿到的位置。

⌘ 善用線條、物品和溫度，為工作帶來好運氣 ⌘

在工作的地方，善用能加強專注力的線條及擺設，如你屬於思維邏輯型的，善用直線條的物品及家具；藝術創作型的，善用暖色系與弧形線條的物品。很多人在創作時，會感到「靈光一閃」，似是上天突然降下了一些靈感進腦海。但在心理學上，這些「靈感時刻」在進入心流狀態後會更容易得到。心流最重要的是全神貫注。相信大家讀了上面的文章後，已學懂了如何建立一個令自己全神貫注的環境，除此以外，還能善用線條，來刺激腦袋的感覺，讓需要邏輯的更有邏輯，讓需要藝術的更有創意。

工作的場所不宜擺放令人勾起情緒及情感的東西，例如情人的相片（那天若和情人吵架或鬧分手的話，你想做的工作也恐怕同時遭殃了），寵物及孩子的相片或物品也宜放在睡房，而不是工作桌上。

另外，工作的空間不宜溫度太高，微冷會令腦袋更清醒，而太和暖則會令人昏昏欲睡。

⌘ 時時勤拂拭，掃走霉氣 ⌘

清潔、清掃，就如我們每天做靜觀正念一樣，把當日多餘的雜念、負面的情緒去掉，不過喜、不過悲，讓自己保持在一種平穩的狀態，腦袋維持清明，心如明鏡。

因此每天把東西歸回原位、把常使用的地方都清掃一遍，不知怎的會令人感到心安。即使未至於一塵不染，但自然而然有一種明亮會在物品上或打掃的地方生成。就如常被水流沖刷的石頭，也能被打磨成光滑明亮的模樣。

如此清爽與美好的地方，運氣也會找上你啊。

⌘ 每天早上通通風，讓好運進來 ⌘

每天早上打開窗，讓新的空氣流動，除了讓人精神爽利外，也能夠為一天帶來美好的感受。早上是一天的開始，呼吸新的空氣，也讓內心有種「今天是新的一天」的感覺，讓前一日可能發生過的不快事件離開，讓自己有種新的希望。

除了風外，也宜打開窗簾，讓早晨的陽光射進屋內。早上的陽光溫和，不如午間時的暴烈，感覺像是神明和你打招呼一樣，心情也份外的舒暢。

一個擁有美善能量的家居，氣氛總是帶着一份柔和，一份安然，一份寧靜。

⌘ 運氣、金錢會隨着能量而來 ⌘

運氣會在好的地方凝聚，金錢也會流向美好的地方，一個有美好能量的地方，除了能吸引到好機會和貴人外，金錢也會靠近。正如一個擁有美好能量的人、常常帶着微笑而善良的人，大家都會喜歡和他親近。

你不會在意他用的物品是不是品牌，但也許會好奇他用的是甚麼牌子，因為物品在他身上總是散發着一種特殊的氣質。又抑或，你會覺得他用的東西就是好東西，因為個性很好，生活簡單而有品味，即使他使用的物品可能非常便宜，但你也會對它的品質有信心。

因為用的人，是一個有品質、值得被信任的人。每個人都會想和他親近，金錢和運氣也同樣會想和他親近呢。

⌘ 時時感恩，保持善良真摯之心 ⌘

物品一直默默在幫助我們建立更美好的自己、更美好的人生。每一件物品的出現，正如每一個或許擦身而過，又或許有深厚緣份的人，在我們的人生之中來來往往。其實細想，每一件物品，都值得我們感恩。若沒有杯子或盛載的器皿，你怎樣喝水？若沒有衣服，你如何抵禦細菌、昆蟲及寒冷的天氣？若沒有電腦及網絡，你如何得知世界各地的資訊？

我們正在使用的每一件物品，其實都在支持着我們成功、滿足着我們的渴望。因此，時時抱存感恩之心去使用它們，它們也會更好地去輔助你。即使某些物品必須捨棄，我們也該感恩它們，並且學懂好好分離。物品並不會因為我們不再用它而難過，因為這也是物品自身需要面對的命運。正如我們也曾經面對過的分離，有些自然而然便消失了，有些也難以割捨。但歲月卻仍會告訴我們，哪些終究會變得淡薄、哪些仍值得憶記。

這，就是物品教會我們的課題。

結語——不可思議的福氣

保羅・科爾賀（Paulo Coelho）的《牧羊少年奇幻之旅》中有一句說話：「當你真心渴望追求某種事物的話，整個宇宙都會聯合起來幫你完成。」

我相信萬物皆有靈，正如毛姆說過：「任何刮鬍刀都有哲學。」當我們真誠用心去對待一件事時，彷彿神明會在背後默默支持。在我來說，物品總是被遺忘的一群，就如多年前我們四周已日漸消退的大自然景物。因為植物有生命、地球有生命，人們的環保意識才開始覺醒。物品呢？它們每一天都在支持我們、幫助我們，而人類卻如此冷漠無情地，總是那麼自私地去對待物品。想要便要，不想要便不要。

即使那不過是一件物品，能在我們生命之中出現，也是一段緣分。其實人生中的生離死別，第一個教會我們的，便是物品。我們小時候穿的衣服、用過的東西、喜歡過的玩具，會隨着長大而不斷變更。那一條小時候不肯放手的臭臭的毛巾、那個曾經沒有它便無法安眠的奶嘴、那些會把便便壓在小屁屁上的尿片，我們終究必須學會戒斷。仔細想，這何嘗不是一種離別？

物品總是默默地教會我們許許多多的人生道理。

記得以前我是一個「電器殺手」，曾經在一間IT公司工作，短短一年間，便用壞了十部電腦。那些專業的IT哥哥們，總是很懊惱地盯着我的電腦熒幕，怎樣也無法修理好，只好整部換走重裝。那時候的電腦主機還是很大部的，他們要親手由另一層辦公室搬到我工作的那一層辦公室，而往往當主機回到他們的手中，就很快沒事了。真的辛苦了大家。曾經，有我在的地方，電器總是出現難以解釋的大小毛病，植物總是容易枯萎。我總隱隱然覺得，這不是巧合。

直到開始禪修和養了貓咪之後，我家裏的電器才沒壞得那麼快。以前的我情緒波動很大，總是常常感到抑鬱和不開心。有時我覺得，人體真的會發出不同的磁場或訊息，而物品是能夠感受到的。現在情緒平穩多了，四周的氣息也祥和得多，需要修理的東西也少很多。

做了心理治療這麼多年，我最常被問到的問題是：「為甚麼我要去承受這些痛苦？」「為甚麼我會來到這世上？」「我是誰？」

我慶幸這份工作，讓我在生命中遇見不同種類的人們，甚至能進入他們內心最深處那閃亮與幽微的地方，讓我窺見潛意識中的美麗與黑暗、堅強與脆弱、善良與殘酷。

我也遇見了和我一樣，會不自覺地「弄壞」電器的個案們。甚至乎，每當個案們遇上了某些狀況時，家裏總有某些地方會出狀況，需要維修。這些「異常巧合」的情況已見怪不怪了。現今的科學雖然仍然未能夠完全去檢測人類的心靈和物品之間的關係，但其實無論在風水堪輿學上、身心靈範疇中，似乎已經漸漸探索出端倪。

人類的一生非常短暫，才匆匆不過數十載。在這短暫的歲月中，要學懂做人已然不夠，談何去探索生命的奧秘呢？但無可否認，我們活着都必定有其原因。假如將人生視為一個學堂，人生的苦難與挑戰視為測驗與功課，似乎能夠解釋到不少生命的哲理。

我所接觸過不同的人們，都彷彿透視着一個訊息：「我們務必擁抱真誠與善良的心，去為這個世界謀福。當我們只是自私自利地活着，就會感到痛苦。因為苦難的存在，是為了修煉靈魂，讓我們成為一個更美好的人。」

有時我會覺得，人心所擁有的「真善美」，就是與神明連結上的管道。當個案們變得更有同理心時，內心的痛苦會大大減輕；當他們變得更真誠及善良時，四周便多了很多愛；當他們變得更美好時，就擁有更堅實的力量和心志，去活出自己的人生。

而別人，卻以為這些，只是一個人的幸運。

在我的生命中，親眼經歷過也目睹過大大小小的奇蹟。曾經想自殺的人，變成了正面上進快樂的人、被診斷患上絕症的人活了很久很久、無法醫治的疾病消失得無影無蹤、才走前一步背後卻掉下了足以致命的石屎壁塊、順應命運的安排去聯絡失聯的親人，竟發現其幾陷囹圄，因而得救、和本已成為仇人的親人冰釋前嫌、奇蹟般避過了一個又一個的災難……別人眼中的「奇蹟」，卻總是常常在我身邊發生，當然，也包括了我自己。但他們身上，不，我們身上，都擁有着一種相同的特質，就是一直努力修心、修行，渴望成為一個對世界來說有價值的、更美好的人。

但其實這些所謂不可思議的福氣，只因為，他們讓自己成為一個更加「真、善、美」的人。

安靜

二〇二三年，一月

書名
整理收納的吸引力法則
作者
安靜

責任編輯
寧礎鋒
書籍設計
姚國豪

出版
P.PLUS LIMITED
香港北角英皇道四九九號北角工業大廈二十樓
20/F., North Point Industrial Building,
499 King's Road, North Point, Hong Kong

香港發行
香港聯合書刊物流有限公司
香港新界荃灣德士古道二二〇至二四八號十六樓
印刷
美雅印刷製本有限公司
香港九龍觀塘榮業街六號四樓A室
版次
二〇二三年二月香港第一版第一次印刷
規格
三十二開（125mm × 180 mm）一七六面
國際書號
ISBN 978-962-04-5138-6